RÈGLEMENT

SUR LES SECTIONS

DE MITRAILLEUSES D'INFANTERIE

(MITRAILLEUSES ET AFFUTS MODÈLE 1907)

Approuvé par le Ministre de la Guerre le 25 novembre 1912

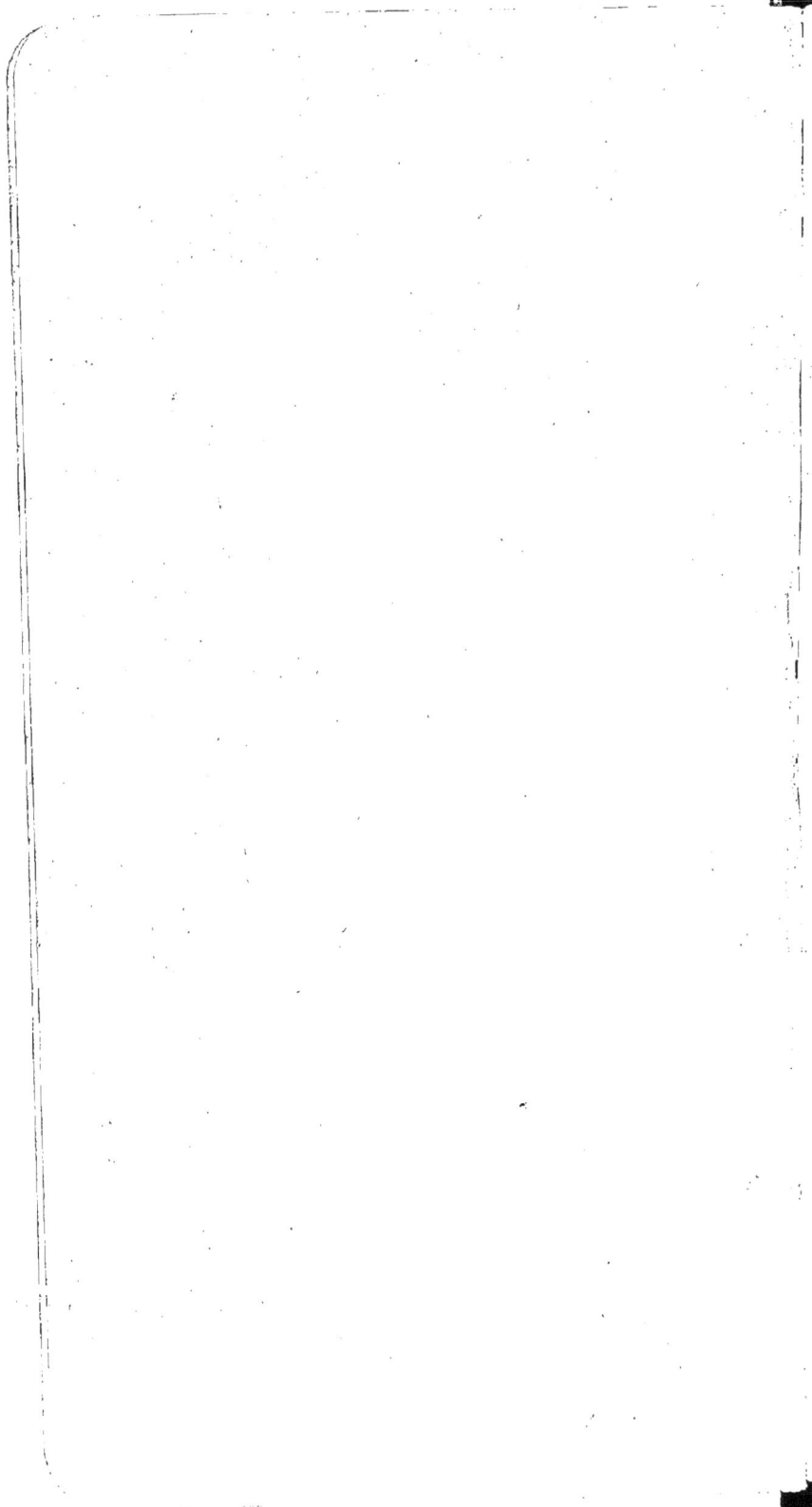

D

A

MINISTÈRE DE LA GUERRE

RÈGLEMENT

SUR LES SECTIONS

DE MITRAILLEUSES D'INFANTERIE

(MITRAILLEUSES ET AFFUTS MODÈLE 1907)

Approuvé par le Ministre de la Guerre le 25 novembre 1912

TOME I

MANŒUVRE ET TIR

PARIS

LIBRAIRIE CHAPELOT

MARC IMHAUS & RENÉ CHAPELOT, ÉDITEURS

30, Rue Dauphine, VIᵉ (Même Maison à NANCY)

1913

e

le
ti
cl
si
cc

ci
l'
é

ñ

RÈGLEMENT

SUR LES SECTIONS

DE MITRAILLEUSES D'INFANTERIE

Iʳᵉ PARTIE

MITRAILLEUSES DE CAMPAGNE

TITRE I

ORGANISATION DES SECTIONS

BASES DE L'INSTRUCTION

CHAPITRE I

ORGANISATION

Aʀᴛ. 1. — **Dispositions générales.**

1. Les sections de mitrailleuses relèvent directement du chef de corps.

2. En temps de paix, le chef de corps les répartit suivant les ressources du casernement et les besoins de l'instruction. En principe, une section de mitrailleuses est rattachée à chaque bataillon et les mitrailleurs sont mis en subsistance dans une compagnie désignée par le chef de corps.

En temps de guerre et aux manœuvres, le personnel de chaque section constitue un groupe autonome, rattaché pour l'administration à l'unité que forment dans le corps le petit état-major et la section hors rang.

3. Il existe deux types de sections de mitrailleuses d'infanterie :

1ᵒ La section du type mixte (sur animaux de bât et sur

roues), affectée aux corps de troupes stationnés en France, sauf les troupes alpines;

2° La section du type alpin (sur mulets de bât), affectée aux corps de troupe des 14e et 15e corps, de Corse et d'Algérie-Tunisie.

Art. II. — Composition des sections.

1° Matériel.

4. La composition en matériel de la section du type mixte est donnée par l'Instruction du 15 janvier 1909.

Celle de la section du type alpin est donnée par l'Instruction du 22 décembre 1908.

5.   **2° Personnel et animaux.**

A. — *Section du type mixte.*

Section de manœuvre sur animaux de bât.
— Train de combat sur roues

GRADES	EMPLOIS	PIED de PAIX	PIED de GUERRE
	SECTION DE TIR		
Lieutenant......	Chef de section monté à bicyclette.	1	1
Sous-officier	Adjoint au chef de section........	1	1
Caporaux.......	Chefs de pièce..................	2	2
Soldats..........	Tireurs........................	2	2
Idem...........	Chargeurs......................	2	2
Idem...........	Aides-chargeurs.................	2	2
Idem...........	Télémétreur....................	1	1
Idem...........	Armurier.......................	1	1
Idem...........	Agent de liaison bicycliste......	1	1
	ÉCHELON		
Caporal......... {	Commandant l'échelon. — Approvisionneur................. }	1	1
Soldats.........	Pourvoyeurs....................	2	(1) 4
Idem..........	Conducteurs....................	4	(2) 9
Animaux de bât............................		(3) 4	(4) 9
	TRAIN DE COMBAT		
Caporal......... {	Chef de voiture, commandant le train de combat............... }	»	(5) 1
Soldats.........	Conducteurs....................	»	(5) 2
Chevaux de trait................................		»	4

(1) Dont 2 réservistes.
(2) Dont 5 réservistes.
(3) Dont 2 de pièces et 2 de munitions.
(4) 2 de pièces, 6 de munitions, 1 haut le pied.
(5) Réservistes

B. — *Section du type alpin.*

Section de manœuvre et train de combat sur mulets de bât.

1° *Section de manœuvre :*

Même composition que pour la section du type mixte.

2° *Train de combat* (pied de guerre) :

Caporal commandant le train de combat....	1 (1)
Soldats conducteurs.	6 (1)
Mulets.	6

Dans les régiments à deux sections, un seul caporal pour le train de combat des deux sections.

6. Section de manœuvre. — La section de tir et l'échelon constituent la section de manœuvre.

7. Formation des escouades. — La première pièce constitue la première escouade et comprend le télémétreur; la deuxième pièce forme la deuxième escouade et comprend l'agent de liaison cycliste et l'armurier.

En campagne, le personnel du train de combat constitue une troisième escouade.

Un des gradés de la section est chargé de la tenue des écritures (inventaire du matériel, tirs exécutés, munitions consommées, etc.).

8. Attributions du personnel. — Chaque chef de pièce est responsable d'une mitrailleuse et de son affût; le caporal approvisionneur est responsable des animaux de la section de manœuvre, de leur harnachement et du matériel.

Toutefois, l'armurier est directement responsable des accessoires et rechanges, le télémétreur du télémètre et l'agent de liaison des bicyclettes de la section.

Le caporal commandant le train de combat est responsable du matériel et des animaux du train de combat.

_____

(1) Réservistes.

CHAPITRE II

BASES DE L'INSTRUCTION

Art. III. — **Choix du personnel.**

9. Grâce à la puissance de son feu, la mitrailleuse constitue pour l'infanterie un auxiliaire précieux; mais son emploi est délicat et exige un personnel exercé, commandé par un chef ayant du coup d'œil, de la décision, un jugement sûr et beaucoup d'initiative.

Les lieutenants chefs de section sont désignés par le chef de corps; les sous-officiers adjoints sont pris parmi les sous-officiers rengagés ayant suivi les cours d'une école d'application sur le tir. Les caporaux et soldats sont choisis parmi les militaires ayant terminé leur instruction et ayant au moins un an de service à faire.

Le service de la mitrailleuse, par suite des efforts prolongés auxquels le personnel est soumis pendant la manœuvre, exige des hommes particulièrement vigoureux et ayant autant que possible la taille de 1 m. 65.

On désignera comme pointeurs des soldats doués d'une excellente vue et reconnus bons tireurs.

Pour chacun des emplois de sergent, de caporal ou de soldat prévus pour le temps de paix, il est désigné un titulaire et un suppléant appartenant chacun à une classe de mobilisation différente, afin qu'il existe en tout temps une section composée d'éléments instruits et entraînés.

Les suppléants sont désignés trois mois après l'incorporation, quand on a pu se rendre compte de leur aptitude spéciale. Ils restent dans leurs compagnies et sont appelés à prendre part à l'instruction spéciale des sections de mitrailleuses dans les conditions déterminées par le chef de corps, de manière que les sections de mitrailleuses soient en tout temps mobilisables.

Art. IV. — **Instruction du personnel.**

10. L'instruction spéciale des mitrailleurs est assurée par le lieutenant chef de section, sous la responsabilité du chef de bataillon et suivant un programme approuvé par le chef de corps.

11. Les mitrailleurs titulaires participent à tous les exercices : tir, service en campagne, etc., de la compagnie où ils sont mis en subsistance.

Le chef d'une section de mitrailleuses dispose habituellement de trois séances par semaine pour l'instruction technique de ses mitrailleurs. Ces séances sont prises en dehors de l'exercice principal de la journée.

Elles sont communes aux titulaires et aux suppléants, à partir du moment où ceux-ci ont été désignés.

A partir du mois d'avril, le chef de bataillon fait alterner pour la manœuvre les titulaires et les suppléants.

La section de mitrailleuses prend part, en outre, aux exercice de service en campagne du bataillon quand le chef de bataillon le juge utile.

12. L'instruction spéciale des mitrailleurs comprend l'instruction de la pièce et l'instruction de la section.

L'instruction de la pièce comporte *des exercices préparatoires, des tirs de fonctionnement à balle ou à blanc et des tirs d'instruction.*

Elle est perfectionnée toute l'année.

L'instruction de la section comporte *des manœuvres, des tirs d'application et des manœuvres avec tir* (1). L'instruction relative à l'appréciation des distances est donnée avec un soin particulier.

13. Les hommes de la section sont ordinairement spécialisés dans un emploi déterminé.

Mais le service de la pièce doit pouvoir être assuré, en cas de besoin, par un personnel réduit et même par un seul servant.

Plus de la moitié des munitions allouées doit être consacrée à l'instruction de la section normalement constituée.

Tous les hommes de la section sont donc, suivant leurs aptitudes, exercés à remplir les diverses fonctions de pourvoyeur, aide-chargeur, chargeur, tireur et télémétreur. Ils sont tous habitués à bâter et à débâter les animaux de bât.

---

(1) On profite de tous les exercices en terrain varié, exécutés par les différentes unités du corps, pour faire manœuvrer les sections de mitrailleuses en liaison avec ces unités.

TITRE II

SERVICE DE LA MITRAILLEUSE

---

14. Les indications suivantes, relatives au service de 'a mitrailleuse, s'appliquent à la section sur le pied de guerre; elles sont destinées à guider les instructeurs et non à imposer en toutes circonstances une seule manière de faire.

15. La mitrailleuse modèle 1907 sur affût-trépied type C est servie par un tireur, un chargeur et un aide-chargeur.

Le caporal chef de pièce reçoit les éléments du tir du chef de section, dirige les servants et observe les résultats du tir; il transporte généralement deux caisses à munitions.

Le tireur pointe, arme la mitrailleuse, et tire en exécutant le fauchage sur le front; il transporte la mitrailleuse.

Le chargeur alimente l'arme en munitions; il transporte, plie et déplie l'affût-trépied.

L'aide-chargeur dispose les caisses à munitions, prépare les bandes et les place à la portée du chargeur; il transporte, monte et démonte le support pivotant; il transporte, en outre, une caisse à munitions.

16. Pour le chargement et le déchargement des animaux ainsi que pour le transport des munitions, les pourvoyeurs sont habituellement placés deux par deux sous le commandement de chaque chef de pièce.

Décharger et transporter le matériel.

17. Tout le personnel place l'arme (1) en bandoulière.

Le tireur se munit de l'épaulière, ouvre l'étui de la mitrailleuse et charge la mitrailleuse sur l'épaule.

Le chargeur et l'aide-chargeur déchargent le trépied et le support-pivotant; le chargeur place le trépied sur l'épaule, la flèche en avant; l'aide-chargeur place le support sur l'épaule.

---

(1) Mousqueton, carabine ou fusil.

Les pourvoyeurs font passer une caisse à munitions à l'aide-chargeur et deux caisses au chef de pièce; ils déchargent ensuite deux caisses pour chaque pourvoyeur (1).

L'armurier prend les deux caisses d'outillage et rechanges, ainsi que des chiffons.

Le télémétreur décharge le pied du télémètre (2).

Mettre la mitrailleuse en batterie.

18. Déplier le trépied. — Le redresser sur sa bêche, le pivot en dessus, en se plaçant en avant du pivot, face à la bêche. Saisir les deux pieds antérieurs, dégager les montants de leur griffe et les ramener vers l'avant, sans les séparer, en les faisant pivoter autour de l'axe des chapés; les écarter et laisser reposer les pieds à terre. Presser avec le pied sur le compas pour donner de la rigidité aux montants.

Achever le montage, s'il y a lieu, par les opérations suivantes : allonger complètement la flèche, après avoir desserré le bouchon à manette. Placer la selle à 10 centimètres du collier de serrage du système télescopique et la fixer dans cette position.

19. — Passer de la position normale à la position du tireur couché. — L'affût étant en batterie à la position normale de tir :

Dégager de son logement le bouton de la manivelle d'arrêt de position de flèche et faire décrire à la manivelle un demi-tour : l'axe demi-cylindrique se trouve ainsi dégagé de l'évidement inférieur du prolongement de la flèche; l'articulation de celle-ci avec le corps de pivot s'abaisse et l'évidement supérieur vient se placer en face de l'axe demi-cylindrique.

En même temps, libérer les articulations de chacun des pieds en tirant sur le bouton de la manivelle de genouillère et en faisant décrire à la manivelle un demi-cercle.

Soutenir l'affût sous le corps de pivot et le pousser vers l'avant, en faisant ployer les pieds antérieurs de manière à amener l'affût à terre.

Ramener la manivelle à sa position primitive et replacer le bouton dans son logement.

---

(1) Pour décharger le bât de munitions, on enlèvera simultanément le même nombre de caisses sur chaque étrier, afin de maintenir autant que possible l'équilibre de la charge. Chaque caisse doit être d'abord soulevée parallèlement à l'aube jusqu'à ce que sa partie inférieure soit dégagée de l'entretoise d'étrier qu'un effort latéral risquerait de fausser.

(2) Le télémètre est placé dans un étui, muni d'une bretelle; il est porté en bandoulière par le télémétreur.

20. Passer de la position du tireur couché à la position normale. — L'affût-trépied étant à la position du tireur couché :

Soulever l'affût, redresser les pieds antérieurs et les fixer en position en abaissant les manivelles.

Dégager de son logement le bouton de la manivelle d'arrêt de position de flèche et faire décrire à la manivelle un demi-tour.

Pousser vers l'avant le support pivotant jusqu'à l'arrêt du mouvement, de manière à relever l'articulation de la flèche avec le corps de pivot et à placer l'évidement inférieur de la flèche en regard de l'axe demi-cylindrique ; ramener la manivelle à sa position primitive et replacer le bouton dans son logement.

21. Monter le support pivotant. — Coiffer le pivot avec le support pivotant et enfoncer le support jusqu'à ce qu'il soit au contact de la circulaire en engrenant la vis sans fin avec le secteur denté.

22. Disposer la mitrailleuse sur son affût. — L'affût monté étant en batterie, les sus-bandes ouvertes, pour placer la mitrailleuse sur l'affût : saisir la mitrailleuse de la main gauche à la poignée, de la main droite au canon, les ongles en dessous; se placer à droite de l'affût, lui faisant face, engager les tourillons dans leurs encastrements, fermer les sus-bandes tout en soutenant la poignée; continuer à tenir la poignée et fixer la vis de pointage par son crochet à la noix de la chape en faisant pivoter la vis d'avant en arrière. Dès que la mitrailleuse est montée, le chef de pièce agit sur l'écrou moleté du pied antérieur droit, suivant les indications du tireur, de façon à obtenir le déplacement de la mitrailleuse dans un plan horizontal.

23. Places des servants. — Le tireur est assis sur le siège, les jambes allongées en avant, la main droite à la poignée de la mitrailleuse, la main gauche au volant.

Le chargeur se tient à gauche et à environ 50 centimètres de la mitrailleuse, en arrière du couloir d'alimentation ; il fait face en avant et a devant lui des bandes disposées par séries de 4.

L'aide-chargeur se tient un peu en arrière et à gauche du chargeur, face en avant; il a derrière lui des caisses à munitions chargées et devant lui des bandes disposées par séries de 4.

Le chef de pièce se tient en arrière et un peu à droite du tireur.

Dans la position du tireur couché, chacun des servants se couche sur les mêmes emplacements, sauf le tireur qui s'assied à gauche de l'affût, les reins contre la selle.

Le chargeur peut se coucher sur le dos, s'il trouve cette position plus commode.

Les servants prennent leurs places au commandement de :

À VOS POSTES !

Pointer.

24. Pointage fixe. — Pour pointer, après avoir reçu la désignation du but et l'indication de la distance :

Disposer la hausse pour la distance indiquée.

Relever le levier de blocage.

Pointer en direction, puis en hauteur, en agissant successivement sur la poignée de l'arme et sur le volant; abaisser le levier de blocage sans déranger le pointage.

Disposer le régulateur.

25. Le régulateur est disposé, avant le tir, à la division convenable par le tireur; lorsqu'il doit être manipulé pendant le tir, le chargeur l'ouvre ou le ferme sur les indications du chef de pièce.

Régler la cadence du tir.

26. En position de route, le bouton de tir rapide est toujours poussé à fond et le levier de l'appareil de réglage disposé pour obtenir une cadence voisine de 250.

À l'indication d'accélérer la cadence ou de la ralentir, le tireur agit avec la main gauche sur le levier de réglage.

À l'indication de tir rapide, le tireur tire complètement vers l'extérieur le bouton du tir rapide.

Préparer les bandes.

27. Les bandes sont retirées des caisses et disposées à proximité du chargeur par l'aide-chargeur.

Celui-ci vérifie chaque bande-chargeur, s'assure que toutes les cartouches sont bien placées et, en particulier, qu'aucun culot ne déborde la lisière de la bande; il repousse à leur place les cartouches dont le culot serait en saillie.

Les bandes sont disposées devant le chargeur par couches de 4 bandes, de manière qu'il n'ait pas à les retourner avant de les introduire dans le couloir d'alimentation (les cartouches en dessous, les balles en avant ou à gauche).

Charger la mitrailleuse.

28. Pour pouvoir introduire la première bande, la culasse mobile doit être fermée.

Pour charger, saisir la bande, l'introduire dans le couloir d'alimentation, les cartouches en dessous, les balles en avant; pousser franchement, mais sans effort, la bande dans le couloir jusqu'à ce que se produise l'encliquetage annonçant que l'opération s'est bien effectuée. Si l'encliquetage ne se produit pas quand la bande est poussée franchement, le chargeur retire la bande et le tireur manœuvre rapidement l'arme à vide deux fois de suite.

Si l'encliquetage ne se produit pas encore, le chef de pièce appuie, au moyen d'un étui ou d'un objet quelconque, sur la dent du barrillet pour le faire tourner.

Armer.

29. Saisir la poignée du levier d'armement avec la main gauche, la tirer suivant son axe pour dégager le bonhomme arrêtoir; ramener le levier en arrière jusqu'à la butée en faisant décrire à la main une demi-circonférence vers le haut. Replacer ensuite le levier dans sa position primitive.

Tirer.

30. Au commandement de FEU, le tireur agit sur la détente avec l'index de la main droite.

En tir débloqué, il exécute en même temps le fauchage sur le front comme il est prescrit au titre IV, n° 77.

En tir bloqué, ou en tir débloqué, le tireur agit avec la main gauche sur le volant pour rétablir le pointage en hauteur lorsque celui-ci vient à être dérangé (1).

Alimenter la mitrailleuse.

31. Pour alimenter d'une façon continue la mitrailleuse, introduire dans le couloir, au moment où il ne reste plus sur la bande engagée dans l'arme que quatre ou cinq cartouches non tirées, une nouvelle bande, de manière que la première cartouche de cette bande soit au contact de la dernière cartouche de la bande précédente. Pousser la nouvelle bande de façon à maintenir le contact de la bande engagée, mais en évitant d'exercer aucun effort; abandonner la bande, dès qu'elle est engrenée dans les ailettes du barrillet.

_____

(1) Le tireur doit conserver la main gauche au volant pendant toute la durée du tir.

Interrompre et reprendre le tir.

32. Au commandement de : HALTE AU FEU, et pour inter-rompre momentanément le tir, le tireur abandonne la détente.

Au commandement de : CONTINUEZ LE FEU, et pour re-prendre le tir, le tireur agit de nouveau sur la détente.

Cesser le feu.

33. Le feu cesse de lui-même lorsque le chargeur cesse d'alimenter la mitrailleuse; le tireur s'assure qu'il ne reste plus de cartouche dans la chambre ou dans le mécanisme.

Le feu peut encore cesser au commandement de : CESSEZ LE FEU. A ce commandement, le tireur abandonne la dé-tente; le chargeur retire la bande engagée; enfin le tireur retire la culasse, enlève la cartouche engagée sur l'éléva-teur et replace la culasse.

Changement de position sans démonter.

34. A l'indication de : A BRAS, le tireur saisit des deux mains la semelle de bêche, le chargeur s'applique au pied gauche du trépied, l'aide-chargeur à l'autre pied; à l'indi-cation FERME, du tireur, les trois servants soulèvent l'affût et se mettent en marche. La pièce est reposée au comman-dement de : EN BATTERIE.

Ce procédé n'est employé que pour les déplacements de quelques mètres.

Démonter et transporter le matériel.

35. Le tireur, aidé du chargeur, enlève la mitrailleuse et la charge sur l'épaule; l'aide-chargeur enlève et charge sur l'épaule le support pivotant et prend une caisse à mu-nitions; le chargeur replie le trépied et le charge sur l'épaule; le chef de pièce transporte deux caisses à muni-tions.

Charger le matériel sur les chevaux (1).

1° Charger le bât de la mitrailleuse.

36. Le bât étant pourvu de ses garnitures et le cheval bâté, la mitrailleuse et l'affût sont chargés simultanément de manière à équilibrer la charge du bât.

---

(1) Ou sur les mulets.

Placer la mitrailleuse dans l'étui de culasse, la culasse en avant, le couloir d'alimentation en dehors et la faire reposer sur ses crochets, la chape d'attache de la vis de pointage en arrière du crochet avant et contre ce crochet, relever le bord inférieur de l'étui de culasse, en engageant le couloir d'alimentation dans son logement; engager l'étui de bouche à fond sur le canon, la passe en dessus, le guidon dans son logement; introduire l'extrémité antérieure de l'étui de bouche dans l'étui de culasse; fermer ce dernier en engageant sa courroie de brêlage postérieure dans la passe de l'étui de bouche, puis dans celle de l'étui de culasse; boucler les trois courroies de fermeture de l'étui, ainsi que sa courroie de brêlage antérieure, cette dernière passant sur le logement de la hausse.

Le support pivotant étant séparé du trépied et celui-ci replié complètement, faire tourner la selle de manière à en ramener le bec au contact de la béquille du boulon du collier du système télescopique.

Mettre en place le trépied, le pivot en avant et vers le bas, en faisant reposer la flèche sur les crochets, le crochet antérieur au milieu de l'intervalle entre la circulaire et la crémaillère. Brêler le trépied avec les courroies de brêlage; coiffer le pivot avec sa gaine; passer le contre-sanglon de la courroie d'attache de celle-ci dans la douille, et boucler.

Faire tourner la vis de pointage en hauteur jusqu'à ce que son extrémité inférieure affleure la boîte à tourillons et la rabattre en avant; engager le support pivotant sur le pivot de la traverse, le tasseau en bois de celle-ci logé entre les flasques; le brêler au moyen de sa courroie de brêlage passée par-dessus la vis de pointage; coiffer la fourche et ensuite la partie arrière avec l'étui de support pivotant, et en boucler la courroie en la faisant passer en avant de la douille.

Mettre à plat sur les supports une caisse d'outillage ou de rechanges, le couvercle en dessus, la poignée en avant; boucler par-dessus les courroies de surcharge (en les engageant, s'il y a lieu, dans les branches de pied de télémètre placé la tête en avant).

Introduire dans le sac à chiffons 1 kilogramme de chiffons répartis sur le fond et contre les parois du sac; mettre debout sur le fond, à l'un des bouts la trousse en cuir (s'il y a lieu), au milieu la burette modèle 1880, et à l'autre bout le gant spécial et l'épaulière. Introduire de champ, le long de ces objets, le seau en toile. Faire reposer le sac sur l'étui de la culasse, le côté où se trouve le seau en toile étant à l'extérieur, et le fixer par ses lanières aux courroies de surcharge.

(Lorsque le seau en toile est mouillé, il est provisoirement suspendu au dehors du sac, les lanières de celui-ci passées dans le croisillon du seau.)

Placer le canon de rechange dans son étui, et en fermer le couvercle.

Placer la tringle dans son étui, et en fermer le couvercle.

2° Charger le bât de munitions.

37. Le bât étant muni des mêmes accessoires que le bât de mitrailleuse, abattre ses deux étriers.

Placer dans chaque étui trois caisses disposées transversalement et debout, le fond des caisses reposant sur l'entretoise inférieure. Brêler les caisses de chaque côté en bouclant par dessus la courroie de brêlage (1).

Quand les caisses ne sont pas placées sur les étriers, ceux-ci sont relevés contre les aubes et maintenus dans cette position par les courroies de brêlage.

---

(1) Pour la section du type alpin : « Placer un canon de rechange dans l'étui de canon de chacun des deux bâts de munitions du train de combat qui en sont pourvus et fermer le couvercle ».

TITRE III

FORMATIONS ET MARCHES

38. En principe, la pièce marche et manœuvre en colonne par deux de la manière suivante :

Au premier rang, le caporal chef de pièce et le tireur à sa gauche ; au deuxième rang, le cheval de pièce et son conducteur ; au troisième rang, le chargeur à droite et l'aide-chargeur à gauche.

39. L'échelon réuni marche en colonne sur deux animaux de front (fig. 1).

Au premier rang, les quatre pourvoyeurs ; au deuxième, le caporal approvisionneur ayant à sa droite un cheval de munitions. Les troisième et quatrième rangs sont composés de deux chevaux de munitions marchant de front. Au cinquième rang, marchent : à droite, le cheval haut-le-pied et à gauche, un cheval de munitions.

40. La section se rassemble et marche en colonne de route (fig. 1).

La colonne de route est formée des deux pièces accolées en colonne par deux sans intervalle et suivies de l'échelon réuni en colonne sur deux animaux de front.

Le premier rang de la section est formé de la droite à la gauche par le sous-officier adjoint au chef de section, le télémétreur, l'armurier et l'agent de liaison.

Le chef de section marche en principe à deux pas en avant du centre de sa section, mais avec la faculté de se transporter là où il juge sa présence nécessaire.

41. La section manœuvre généralement en ligne de pièces en colonne par deux, à intervalle variable.

L'échelon peut rester réuni ou être divisé entre les deux pièces. Dans ce cas, la moitié du personnel et des animaux suit la pièce de droite et l'autre, la pièce de gauche, comme l'indique la figure 1. Le caporal approvisionneur, à moins d'ordre contraire, suit la pièce de gauche.

La section en ligne de pièces se reforme en colonne de route en resserrant l'intervalle entre les deux pièces ; inversement elle passe de la colonne de route à la ligne de pièces en portant à l'intervalle nécessaire les files de gauche (droite) de la section.

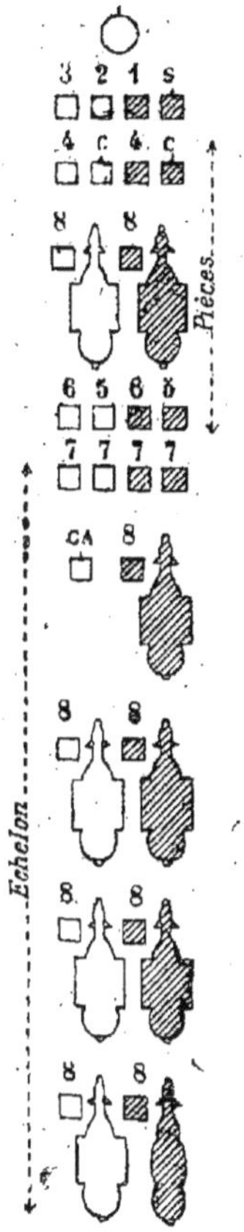

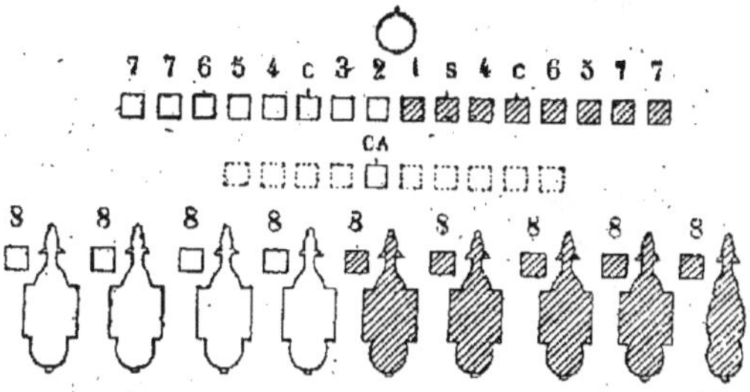

FIG. 2
Formation en ligne

LÉGENDE

○ Chef de section.

▨ Gradés. — S, sergent, C, caporal chef de pièce, CA, caporal approvisionneur.

▨ Soldats. — 1, télémétreur ; 2, armurier ; 3, agent de liaison ; 4, tireur ; 5, chargeur ; 6, aide-chargeur ; 7, pourvoyeur ; 8, conducteur.

Animal chargé.

Animal haut-le-pied.

□ Place des conducteurs au bivouac.

NOTA. — Les signes hachurés représentent les éléments de la première pièce et les éléments de l'échelon qui la suivent, quand celui-ci ne marche pas réuni.

FIG. 1
Colonne de route

42. La section se forme exceptionnellement en ligne pour les revues, les défilés ou le bivouac et quand le terrain l'exige (fig. 2).

La formation en ligne est prise également en partant de la colonne de route.

A l'indication de « EN LIGNE », le premier rang de la section et les chevaux de pièce s'arrêtent. Les hommes de la pièce de droite déboîtent et se forment à droite en ligne à hauteur du premier rang. La pièce de gauche exécute le même mouvement à gauche. L'échelon se déploie de la même manière, les chevaux de la file de droite se portant à droite des chevaux de pièce qui sont arrêtés et les chevaux de la file de gauche à leur gauche.

Le caporal approvisionneur se porte à deux pas en avant du centre de la ligne des chevaux.

Au bivouac dans cette formation, les chevaux sont mis à la corde sur une seule ligne. Les conducteurs bivouaquent à droite et à gauche du caporal approvisionneur et à sa hauteur. Les chargements sont disposés à leur portée, prêts à être chargés.

43. Dans toutes les formations qui précèdent, les hommes à pied prennent 15 centimètres d'intervalle et 1 mètre de distance. Les chevaux se tiennent à 1 mètre de distance des hommes ou des chevaux qui les précèdent. Dans le même rang, ils sont disposés de manière qu'un intervalle d'au moins 50 centimètres reste libre entre les charges.

44. En terrain varié ou dans les chemins étroits, le chef de section fait prendre les formations les mieux appropriées aux circonstances. Les pièces peuvent marcher l'une derrière l'autre par deux, ou en dédoublant par un, si c'est nécessaire.

45. La section est rompue à se rassembler dans toutes les formations, aux indications :

Colonne de route;

Ligne de pièces à tant de mètres d'intervalle, sur la pièce de droite (gauche);

En ligne;

En colonne, telle pièce en tête; etc.

Quand les pièces sont déchargées, ou lorsque la section marche sans son matériel, les mitrailleurs se conforment aux prescriptions du Règlement sur les manœuvres de l'infanterie, en prenant les intervalles et les distances nécessaires.

46. Les sections de mitrailleuses utilisent également les signaux prévus pour les manœuvres de l'infanterie.

Elles peuvent, en outre, se servir des signaux particuliers suivants :

En batterie, homme par homme : placer l'avant-bras droit horizontalement au-dessus de la tête, la main à gauche.

En batterie, tous à la fois: placer l'avant-bras droit horizontalement au-dessus de la tête, la main à gauche, suivi du signal « ACCÉLÉRER L'ALLURE ».

Demande de munitions : les bras tendus horizontalement.

Appel à l'armurier : un bras tendu horizontalement.

TITRE IV

MANŒUVRE ET TIR DE LA SECTION

CHAPITRE III

MANŒUVRE

Art. V. — Règles générales.

47. La section de mitrailleuses sur animaux de bât marche et manœuvre au pas; au besoin, pour de petits parcours, les hommes peuvent prendre le pas gymnastique et les animaux le trot. Les déplacements à bras ou sur l'épaule ne s'exécutent qu'au pas.

Les sacs du personnel de la section sont, en principe, transportés sur le caisson de ravitaillement (1).

48. Dans ses déplacements et ses mises en batterie, la section doit demeurer aussi peu visible que possible; elle évite d'attirer sur elle le feu de l'artillerie adverse.

Les animaux sont généralement amenés jusqu'à un emplacement défilé où ils sont déchargés; à partir de cette *position de déchargement*, le matériel est transporté sur l'épaule et les munitions à bras jusqu'à une *première position d'abri*, où le personnel est autant que possible défilé et où le matériel est inspecté, le télémètre réglé, s'il y a lieu.

Pendant la marche d'approche, la section progresse de position d'abri en position d'abri en se conformant aux principes prescrits au titre V (Offensive).

---

(1) Dans la section du type alpin, les hommes portent le sac pendant les marches. A la position de déchargement, tout le personnel met le sac à terre; lorsque l'échelon est ensuite amené à se déplacer, le caporal approvisionneur fait arrimer les sacs des hommes absents sur les mulets qui ont été déchargés en totalité ou en partie.

Art. VI. — **Reconnaissance et choix de la position.**

49. Dès qu'un engagement devient probable, le chef de section passe le commandement au sous-officier et se rend auprès du commandant de l'unité à laquelle la section est affectée; il est suivi de l'agent de liaison.

50. Lorsque le chef de section juge le moment venu de décharger le matériel, il exécute une reconnaissance rapide, détermine une position de déchargement et une première position d'abri, et envoie au sous-officier par l'agent de liaison l'ordre :

Déchargez et Amenez.

Le sous-officier, guidé par l'agent de liaison, conduit la section à la position de déchargement. Les armes sont mises en bandoulière et le matériel est déchargé. Le sous-officier rassemble le plus tôt possible les servants (et les pourvoyeurs) à une certaine distance de l'échelon, puis il les conduit jusqu'à la *première position d'abri*. Dans ces déplacements il a le souci constant d'assurer le défilement de la section.

51. Dès que la *première position d'abri* est atteinte, chaque chef de pièce fait déplier le trépied et allonger complètement la flèche; il examine la mitrailleuse, s'assure que le robinet d'échappement est à la division convenable, ainsi que le levier de réglage de la cadence. Le télémétreur, aidé, s'il y a lieu, d'un pourvoyeur désigné, dispose le télémètre; le sous-officier s'en assure.

52. Pendant ces diverses opérations, le chef de section complète sa reconnaissance. Suivant les circonstances, et en se conformant aux ordres reçus, il fait progresser sa section avec les fractions d'infanterie qu'il a mission d'appuyer ou détermine de suite une *position de tir*.

53. La position de tir est choisie de manière que la mise en batterie n'attire pas prématurément l'attention de l'adversaire; elle doit permettre à la mitrailleuse tout à la fois de s'abriter et de faire un bon usage de son feu.

La section occupe, si possible, une position dominante ou s'établit sur l'un des flancs, de manière à ne pas être gênée par sa propre infanterie.

Afin de diminuer les pertes causées par le feu de l'ennemi, l'intervalle entre les pièces doit être aussi large que possible, à la condition toutefois que le commandement soit assuré dans de bonnes conditions.

Art. VII. — Mise en batterie.

54. Le chef de section détermine l'emplacement de chaque mitrailleuse et celui du télémètre. Il appelle ensuite le télémétreur et les chefs de pièce et les dirige du geste sur leurs emplacements. Les chefs de pièce se portent rapidement en avant, déposent à terre leurs deux caisses à munitions et se mettent à genou ou se couchent face à la direction qu'indique le chef de section. Celui-ci désigne alors *un objectif* et une *hausse*. Ce premier objectif peut être soit une troupe contre laquelle le feu va être ouvert de suite, soit une fraction dont le mouvement sera suivi par les pointeurs, soit un point du terrain dans le voisinage duquel le feu sera vraisemblablement dirigé. Toute mitrailleuse en batterie est pointée sur un objectif déterminé.

55. Dès que les chefs de pièce se portent en avant, l'aide-chargeur passe le support-pivotant au chargeur et prend une caisse à l'un des pourvoyeurs; le chargeur monte le support-pivotant; le tireur inspecte une dernière fois sa mitrailleuse; le sous-officier s'assure que chacun est à son poste, prêt à entrer en action.

56. Au commandement de : En batterie, du chef de section, le chargeur apporte le trépied déplié et le dispose immédiatement devant le chef de pièce dans la direction que celui-ci indique du geste; le chef de pièce assure l'affût en direction et se place à droite et à hauteur des porte-tourillons; le chargeur ouvre une des caisses apportées par le chef de pièce et commence à disposer les bandes.

Le tireur apporte la mitrailleuse, la place sur le support avec l'aide du chef de pièce, s'asseoit sur le siège, fixe le crochet de la vis de pointage, dispose la hausse et pointe l'arme rapidement d'après les indications du chef de pièce, ce dernier dégrossit lui-même le pointage lorsque la désignation de l'objectif est délicate.

L'aide-chargeur apporte deux caisses à munitions; ces caisses ne sont ouvertes dès le début que si le chef de section en donne l'ordre.

57. Pendant toute la mise en batterie, les hommes ne restent debout, visibles et groupés, que le moins longtemps possible.

Le chef de section évite de faire sa mise en batterie prématurément; il peut du reste faire coucher ou abriter ses hommes à proximité des mitrailleuses jusqu'au moment de l'ouverture du feu.

58. Si la mitrailleuse doit être mise en batterie dans la position couchée, le trépied est disposé à cet effet avant d'être porté sur la position de tir; il appartient au chef de section de donner les ordres nécessaires en temps opportun.

59. Lorsque le chef de section veut absolument éviter d'attirer l'attention de l'ennemi sur sa mise en batterie, et s'il n'y a pas urgence, il commande :

Homme par homme = En batterie.

Chaque servant attend, pour se porter en ligne, que le servant précédent soit arrivé sur la position de tir et se soit couché.

Le chef de section peut même faire exécuter ce mouvement successivement par chaque pièce.

60. Le télémétreur dispose son instrument en utilisant le terrain avec soin pour se dérober aux vues; il mesure sans tarder la distance de l'objectif et repère le terrain dans la direction de l'ennemi.

Pendant la mise en batterie et pendant les interruptions du feu, le sous-officier et le télémétreur ne cessent d'observer, signalant immédiatement au chef de section tout objectif nouveau et lui en donnant la distance.

Pendant le tir, le télémétreur cherche à observer les coups, de manière à fournir au chef de section des indications utiles au réglage.

61. L'armurier, porteur des deux caisses d'accessoires, accompagne les mitrailleuses; il est, autant que possible, maintenu à l'abri avec les pourvoyeurs. Les chefs de pièce n'ont recours à l'armurier que s'ils ne peuvent remédier eux-mêmes à un enrayage ou si une pièce doit être remplacée.

62. Les déplacements sur la position de tir se font en rampant, à moins qu'on ne puisse les exécuter à couvert. Cette règle est générale.

Art. VIII. — Ravitaillement.

63. Il est de la plus haute importance que le ravitaillement en munitions soit assuré d'une façon constante.

A l'ouverture du feu chaque mitrailleuse doit disposer de 4 caisses de cartouches et d'un bidon rempli d'eau.

Lorsqu'il existe un abri à proximité des pièces, cent mètres au maximum, le chef de section peut y faire constituer un approvisionnement de cartouches et, si possible, une petite provision d'eau; deux des pourvoyeurs restent dans cet abri et sont chargés, au commandement ou au signal de « RAVITAILLEMENT », de compléter à 4 par pièce le nombre des caisses pleines et d'emporter les caisses vides. Les deux autres pourvoyeurs assurent le va-et-vient entre l'échelon et l'abri.

A défaut d'abri naturel, les deux pourvoyeurs chargés du service des pièces en constituent un le plus rapidement possible, par simple aménagement des accidents du sol : levée de terre, fossé, dépression, etc., au moyen de leurs outils portatifs.

64. Le sous-officier adjoint, particulièrement chargé de veiller au ravitaillement et d'en assurer l'exécution, choisit avec soin l'emplacement de l'abri et les cheminements des deux pourvoyeurs; en cas de besoin, il demande aux compagnies voisines quelques hommes pour remplacer les pourvoyeurs manquants.

Il tient constamment le chef de section au courant des disponiblités en cartouches.

65. Le ravitaillement de l'échelon par le train de combat est assuré par le commandant de l'unité à laquelle la section est affectée. Le chef de section provoque des ordres.

Des hommes sont désignés dans les compagnies disponibles pour transporter à l'échelon les munitions nécessaires.

En cas d'urgence, le caisson lui-même (ou des mulets de munitions) est amené le plus rapidement possible jusqu'à l'échelon.

Art. IX. — Changement de position.

66. Lorsque la section en batterie doit effectuer un changement de position à courte distance, le chef de section fait placer les caporaux sur le nouvel emplacement que doivent occuper leurs pièces, puis commande :

A bras = En batterie = Ravitaillement.

Chaque pièce est portée à bras comme il est prescrit au n° 34. Le ravitaillement est immédiatement exécuté par les pourvoyeurs sur la nouvelle position.

67. La visibilité de la section dans le mouvement *A bras* est considérable. Lorsque l'ouverture du feu n'est pas urgente, le chef de section commande :

Démontez et amenez.

Il fait placer les chefs de pièce comme il a été dit au n° 54 et commande ensuite :

En batterie

ou

Homme par homme = En batterie.

68. La section sort de la position de batterie dans l'ordre inverse de celui qui est indiqué pour la mise en batterie.

Le chef de section commande suivant les circonstances :

Démontez = A l'abri

ou

Démontez = En tirailleurs = A tant de pas = MARCHE !

Le chef de pièce prend deux caisses de cartouches et se porte immédiatement dans la direction indiquée.

Le chargeur aide le tireur à placer la mitrailleuse sur l'épaule, puis emporte l'affût-trépied. Le mouvement peut également être exécuté homme par homme.

La section, rassemblée à la position d'abri ou déployée en tirailleurs, est ensuite conduite à l'échelon ou dirigée sur une autre position de batterie.

69. Lorsque la section appuie une action offensive, son chef peut choisir, avant de quitter sa position de batterie, une position d'abri en avant, dans le sens de la marche; la section y est rassemblée comme il est prescrit au numéro précédent.

70. Que le mouvement général ait lieu vers l'avant ou vers l'arrière, le chef de section porte sa section d'abri en abri, par des cheminements défilés, manœuvre d'après les prescriptions du Règlement d'infanterie et cherche à dérober à l'adversaire ses mises en batterie.

71. Dès que le sous-officier prévoit un changement de position, il prend les ordres du chef de section.

Deux pourvoyeurs peuvent rester auprès des pièces pour transporter à bras des munitions, pendant que les autres pourvoyeurs reviennent à l'échelon avec des caisses vides. Le caporal approvisionneur est mis au courant des intentions du chef de section; il suit avec les animaux le mouvement en avant ou précède le mouvement en arrière; il choisit un itinéraire défilé et amène l'échelon aussi près que possible de la nouvelle position de tir.

Dans ces divers déplacements, le sous-officier évite d'abandonner des caisses de cartouches, mais son premier devoir est d'assurer toujours en temps utile le ravitaillement des mitrailleuses en batterie.

72. Lorsque le changement de position nécessite un long déplacement, et si le terrain et la situation tactique le permettent, le chef de section fait recharger tout le matériel sur les animaux; la section de manœuvre exécute ensuite son mouvement dans la formation la plus convenable.

CHAPITRE IV

TIR

Art. X. — Règles générales.

73. Le choix des objectifs, l'ouverture du feu, l'intensité du tir sont déterminés par la situation tactique de l'unité d'infanterie que la section de mitrailleuses a pour mission d'appuyer.

74. Le réglage du tir et la conduite du feu appartiennent exclusivement au chef de section.

La bonne exécution du tir dépend de l'attention, du calme et de l'habileté des servants. L'instruction pratique des tireurs est de la plus haute importance.

Les principes qui précèdent doivent servir de guide dans l'application des règles de tir contenues dans le présent règlement.

Art. XI. — Exécution du tir.

75. Le mode de tir habituel de la mitrailleuse est le *tir débloqué, à cadence moyenne avec fauchage.*

Le *tir bloqué* en direction concentre les coups sur un front trop étroit. *Le tir débloqué*, même sans fauchage, permet de battre une plus grande partie du front de l'objectif ou de suivre les objectifs mobiles.

76. La *cadence moyenne*, ou cadence normale, est comprise entre 200 et 300 coups par minute. Elle permet au tireur de conserver la ligne de mire, au chargeur d'introduire assez facilement les bandes, au chef de pièce et au chef de section, d'observer les coups dans de bonnes conditions.

Pendant la manœuvre et la mise en batterie, le levier de réglage de la cadence est toujours disposé de manière à donner la cadence moyenne. Pendant le tir, le tireur, à moins d'indication contraire, agit de lui-même sur le levier de réglage de façon à conserver cette cadence.

77. Le *tir avec fauchage* s'exécute de la manière suivante.

Le tireur ouvre d'abord le feu sur la gauche (1) de l'objectif qui lui a été désigné; il tire quelques balles sur cette partie de l'objectif sans modifier son pointage, puis il déplace son tir vers la droite sans suspendre le feu; il envoie ainsi sur le front de l'objectif et en allant de la gauche (1) vers la droite des paquets de balles qu'il ne cherche pas à répartir uniformément, mais à diriger de préférence sur les parties les plus denses de l'objectif; il peut même superposer plusieurs paquets de balles sur les points qui lui paraissent les plus vulnérables. Le fauchage ainsi obtenu est recommencé autant de fois qu'il est nécessaire, toujours en partant de la gauche pour aller vers la droite; cette constance dans le sens du fauchage facilite en effet l'observation des effets du feu.

Aux distances supérieures à 1.000 mètres, l'influence du vent est sensible; lorsque l'observation des coups ne permet pas de faire les corrections nécessaires, il convient d'élargir le fauchage du côté d'où vient le vent.

78. Dans la section, la pièce qui ne tire pas prend le même objectif que celle qui exécute le feu; elle se tient prête à la remplacer immédiatement en cas de besoin.

79. Après avoir soigneusement désigné l'objectif, le chef de section commande :

Pour la première (deuxième) pièce,

Hausse = Tant,

Feu !

Au commandement de : *Hausse = Tant,* le chargeur introduit une bande, le tireur dispose la hausse et arme la mitrailleuse.

Le feu est ouvert au commandement de : Feu et se continue jusqu'au commandement de : Cessez le feu du chef de section.

80. Si le chef de section veut faire reprendre le feu sur le même objectif, il commande :

Même hausse,

ou bien s'il estime que la hausse doit être modifiée :

Hausse tant,

Feu !

---

(1) Par rapport au tireur.

81. Si au contraire le chef de section veut faire continuer le feu sur un nouvel objectif, il commande:

Changement d'objectif.

Il désigne alors le nouvel objectif et en repère la situation sur le terrain par les indications de : *A droite (gauche)* ou *plus près (loin)*, par rapport à l'objectif précédent.

Dans chaque pièce, le tireur, le chargeur et le chef de pièce mettent leur pièce en direction, en la déplaçant légèrement à bras, s'il est nécessaire, pour ne pas gêner le pointage de l'autre mitrailleuse. L'aide-chargeur dispose les caisses.

Le feu est ensuite ouvert comme il a été prescrit (n° 79).

82. Pendant l'exécution du feu, le chef de pièce répète tous les commandements, indications ou ordres du chef de section, il en assure l'exécution.

Tous les servants, aussi bien que le chef de pièce, répètent le commandement de : CESSEZ LE FEU du chef de section, afin que l'arrêt du feu soit autant que possible instantané.

83. Le chef de pièce, après l'exécution de chaque tir, rend compte au chef de section du nombre de bandes consommées et des munitions qui restent dans les caisses.

84. Le tireur, de sa propre initiative, suspend le feu dans les deux cas suivants :

1° Lorsque l'objectif qui lui a été assigné disparaît. Il reprend le tir sans autre modification, si l'objectif devient de nouveau visible;

2° Lorsqu'un incident de tir se produit. Dans ce cas, il bloque immédiatement la mitrailleuse. L'incident réparé, il débloque et reprend le tir, sans autre indication.

Dans l'un et l'autre cas, le chef de pièce suit attentivement les opérations du tireur, et intervient, s'il y a lieu.

85. Quand il y a lieu de tirer sans faucher, en tir bloqué ou à une cadence autre que la cadence normale, l'indication en est faite par le chef de section après le commandement de : *Hausse = Tant.*

Le feu, dans ces conditions, s'exécute comme il est prescrit aux numéros 79 et suivants.

86. *Le tir bloqué* en direction concentre les coups dans un espace restreint sur lequel il est généralement inutile d'accumuler les projectiles; aussi le tir bloqué n'est-il employé qu'exceptionnellement. Il peut cependant trouver son emploi :

1° Contre des objectifs étroits et particulièrement dangereux (groupe de tirailleurs postés derrière un abri, mitrailleuse en position, etc.);

2° Pour faciliter dans certains cas le réglage en portée par l'observation des coups (1).

87. *La cadence lente*, de 100 à 200 coups par minute, est employée dans les circonstances où un tir ininterrompu et prolongé est tactiquement nécessaire. Lorsque l'observation des coups est possible, la cadence lente se prête bien au réglage du tir.

88. *La cadence rapide*, qui dépasse 300 coups par minute, rend le service de la mitrailleuse délicat et exige beaucoup de calme de la part des servants. Elle ne doit être employée que très exceptionnellement et contre des objectifs importants, qui ne sont visibles que momentanément.

89. Le commandement de : REFERMEZ LES CAISSES implique *la fin du tir*. L'aide-chargeur replace les bandes dans les caisses, le chef de pièce s'assure, après le tireur, qu'aucune cartouche ne reste dans l'arme.

Si une pièce est en train de tirer, le chargeur retire la bande, le tireur enlève la dernière cartouche et s'assure qu'aucune cartouche ne reste dans la chambre ou dans l'élévateur.

Si l'on procède au nettoyage d'une pièce, le chef de pièce la fait immédiatement remonter.

Chacun revient à son poste.

90. Après un tir de quelque durée, le chef de section, quand il juge le moment favorable de procéder à un *nettoyage*, commande :

Telle pièce = Nettoyage.

Le tireur enlève la culasse et nettoie rapidement le mécanisme. Il n'est fait appel à l'armurier que si son intervention est utile.

Le chef de section prescrit dans les mêmes conditions un refroidissement intérieur à l'eau.

---

(1) A l'*instruction*, le tir bloqué est toujours employé pour les tirs de fonctionnement.

Dès que la pièce est nettoyée et suffisamment refroidie, le chef de pièce la fait remonter et prévient le chef de section par l'indication :

Telle pièce = Prête.

Le chef de section évite, en général, de faire nettoyer simultanément les deux pièces.

ART. XII. — Réglage du tir.

91. Le tir sur une seule hausse a une précision telle qu'un défaut de réglage de 50 mètres diminue sensiblement le rendement du feu aux distances inférieures à 1.000 mètres et peut même le rendre nul aux distances supérieures.

92. Toute la précision de la mitrailleuse repose sur la connaissance de la distance exacte de l'objectif. L'emploi du télémètre permet aux moyennes et aux petites distances de l'apprécier à 50 mètres près et d'éviter ainsi des erreurs sensibles dans le réglage en portée.

La première opération à exécuter avant le commencement de chaque tir est donc de déterminer avec soin la distance télémétrique de l'objectif.

93. Il est, d'autre part, indispensable que chaque pièce soit parfaitement réglée ou tout au moins que le chef de section connaisse les défauts de réglage de chaque pièce de façon à faire subir aux appréciations télémétriques les corrections nécessaires, s'il y a lieu.

Quand les défauts de réglage dépassent une certaine limite, la pièce doit être renvoyée en manufacture pour y être réglée à nouveau.

94. Le tir de la mitrailleuse peut encore être influencé par des causes accidentelles de déréglage (échauffement du canon, circonstances atmosphériques, différences d'un lot de cartouches à l'autre, etc.).

L'appareil compensateur de réglage supprime la cause de déréglage due à l'échauffement du canon.

Les autres causes de déréglage inopinées n'ont pas une grande influence dans le tir aux petites distances; au delà de 1.000 mètres, au contraire, elles peuvent suffire pour porter le groupement produit par une seule hausse en dehors de l'objectif à atteindre. Il est donc utile de les constater et d'y remédier, toutes les fois que cela est possible, par l'observation des coups.

Au polygone et en terrain varié, cette observation est souvent difficile; il n'en est pas de même en campagne où il est généralement aisé de déterminer si les coups portent.

95. Quand l'observation des coups est impossible et que les circonstances l'exigent, le chef de section peut, pour augmenter les chances d'atteindre sûrement l'objectif, battre une profondeur de terrain suffisante et employer des hausses échelonnées en principe de 5o en 5o mètres, en partant de la hausse télémétrique.

Mais, en raison de la grande consommation de munitions qu'il entraîne, le tir sur hausses échelonnées, progressives ou régressives, doit être réservé au cas très exceptionnel où les moyens habituels ne permettent pas d'obtenir le résultat réclamé par la situation tactique.

Art. XIII. — Tirs sur buts mobiles.

96. Le tir sur buts mobiles se fait également à cadence moyenne; les résultats obtenus dépendent essentiellement de la rapidité de décision du chef de section et du calme des servants.

Dans ses appréciations sur la hausse à employer, le chef de section tient compte du temps qui s'écoulera avant l'ouverture du feu ainsi que du déplacement probable de l'objectif pendant ce temps.

97. Lorsque l'objectif présentant un certain front se déplace latéralement par rapport au tireur, il faut viser la partie extrême du but du côté de la marche et tirer sur le même point jusqu'à ce que tout l'objectif l'ait dépassé.

Sur des objectifs traversant en oblique, on peut user du même procédé, mais en faisant varier la hausse au fur et à mesure que les distances changent.

Contre l'infanterie se présentant de front, il est toujours préférable de prendre la hausse courte qui se rapproche le plus de la distance appréciée au télémètre.

98. Aux petites distances, la hausse de 6oo mètres assure convenablement le réglage du tir contre la cavalerie, quand on peut viser le pied du but, c'est-à-dire quand cette cavalerie est complètement visible.

99. Lorsque des circonstances exceptionnelles réclament l'emploi du tir sur hausses échelonnées, il y a généralement intérêt à commencer le feu par la hausse la plus faible.

Art. XIV. — Intensité du feu.

100. L'intensité du feu varie avec la cadence du tir (nos 76, 87, 88) et suivant qu'on emploie une seule mitrailleuse ou les deux mitrailleuses de la section à la fois.

101. En raison de la grande rapidité du tir, le chef de section peut le plus souvent faire face aux besoins de la situation avec une seule pièce.

Employer en même temps les deux pièces dans les circonstances ordinaires du combat entraînerait une dépense inutile de munitions.

Le chef de section ne doit cependant pas hésiter à faire tirer simultanément ses deux pièces dans certains cas urgents, par exemple :

1° Sur les fractions particulièrement menaçantes pour les troupes amies;

2° Sur les objectifs compacts qui ne doivent rester visibles que peu de temps.

102. Dans le cas du tir simultané, il convient de répartir les objectifs entre les deux mitrailleuses et de donner, suivant les circonstances, une hausse commune ou deux hausses différentes.

TITRE V

EMPLOI TACTIQUE DES SECTIONS

DE MITRAILLEUSES

DANS LES TROUPES D'INFANTERIE

ART. XV. — **Propriétés tactiques des mitrailleuses.**

103. La mitrailleuse tire la même cartouche que le fusil d'infanterie, dont elle possède toutes les qualités balistiques ; toutefois son tir présente avec celui du fusil des différences essentielles :

Il est beaucoup plus rapide ;

En raison de la stabilité de l'affût, il est moins influencé par la nervosité du tireur ;

La direction du feu reste toujours aux mains du chef.

Il en résulte que le feu très condensé des mitrailleuses est susceptible de produire, dans un temps très court, des effets décisifs sur un point donné. Mais, en tant que troupe combattante, la section de mitrailleuses à laquelle manque la capacité offensive résultant du mouvement en avant, ne peut agir qu'en liaison intime avec l'infanterie dont elle est l'auxiliaire.

104. En dehors des cas très exceptionnels, l'emploi des mitrailleuses aux grandes distances n'est pas avantageux ; les résultats obtenus ne sont pas en rapport avec la dépense de munitions ; enfin, en décelant leur présence trop tôt, les mitrailleuses risquent de se faire détruire sans profit par l'artillerie ennemie.

La mitrailleuse est surtout *l'arme des moyennes et des petites distances;* elle agit normalement par rafales courtes et intenses, exécutées autant que possible par surprise, sur les points où il importe d'arrêter l'ennemi ou de briser sa résistance, pour faciliter la marche de notre infanterie.

105. Le tir de la mitrailleuse est particulièrement efficace, quand il peut prendre l'objectif d'enfilade ou d'écharpe.

Il a généralement peu d'effet sur les lignes minces ou les chaînes de tirailleurs à larges intervalles. Il peut au

contraire s'attaquer avec succès à tous les buts animés se
présentant en ordre un peu compact : lignes pleines, ren-
forts, soutiens, réserves, contre-attaques, etc.

106. C'est à une aile ou en arrière des vides de la première ligne que les mitrailleuses, quand le terrain s'y
prête, se trouvent le mieux placées pour suivre attentivement les phases de la lutte et être en mesure d'intervenir
efficacement au profit de leur infanterie.

Le tir par-dessus des troupes amies n'est exécuté que si
la conformation du terrain permet d'établir deux ou plusieurs lignes de feu étagées.

107. En résumé, les conditions d'emploi des mitrailleuses
dépendent essentiellement des effets qu'elles peuvent produire.

En aucun cas, les mitrailleuses ne sauraient remplacer
l'artillerie.

Le canon, arme à longue portée et à grande puissance,
engage le combat de loin et en poursuit toutes les phases
à la volonté des chefs de grandes unités : divisions ou
corps d'armée.

La mitrailleuse est au contraire l'arme auxiliaire de l'infanterie dans toutes les circonstances du combat rapproché.
Elle constitue entre les mains des chefs des petits unités :
bataillons ou régiments, une réserve de feux mobile, sou-
ple et particulièrement efficace quand elle intervient à pro-
pos et en un point décisif.

108. Il faut donc éviter d'engager prématurément les
mitrailleuses et aussi de les grouper. Elles agiront le plus
souvent par section, en liaison immédiate avec les troupes
d'infanterie, au milieu desquelles elles trouveront des
emplacements favorables et convenablement abrités.

ART. XVI. — Emploi tactique.

109. Il appartient au chef de corps de répartir entre ses
bataillons ou détachements tactiques les sections de mitrailleuses dont il dispose, en tenant compte de la mission confiée à chacun d'eux.

Le choix de la zone d'action et l'indication du but à
poursuivre regardent le chef de l'unité qui dispose de la
section.

Mais la plus grande initiative doit être laissée au chef
de section pour le choix des cheminements et des emplacements de tir, ainsi que pour la conduite du feu. Le choix
de la position de tir est particulièrement important; le chef
de section doit en faire la reconnaissance avec le plus
grand soin.

ART. XVII. — Marches sur route.

110. Pendant les marches, le chef de corps conserve, en principe, à sa disposition les sections de mitrailleuses. Il fixe la place que chacune d'elles doit occuper dans la colonne.

Il peut également, quand les unités du régiment reçoivent une mission spéciale (avant-garde, flanc-garde, arrière-garde), leur affecter d'avance les sections de mitrailleuses. C'est alors aux commandants de ces unités que revient le soin de régler la marche des sections de mitrailleuses qui leur sont momentanément rattachées.

111. En principe, le train de combat des sections marche en tête du train de combat de l'unité à laquelle les sections sont affectées.

ART. XVIII. — Marches d'approche.

112. Dès qu'on arrive dans la zone de feu, le chef de section a toute initiative pour régler la marche de ses mitrailleuses à la condition de rester en liaison étroite avec son unité.

Tant que le matériel reste chargé, la section de mitrailleuses ne peut progresser qu'en utilisant des itinéraires défilés.

En terrain découvert, le matériel est déchargé et transporté à bras. La section de tir progresse dès lors en utilisant les mêmes procédés que l'infanterie.

L'échelon, commandé par le caporal approvisionneur, s'efforce de rester constamment en liaison avec la section de tir; il suit le mouvement de cette section dans la formation la plus convenable et à une distance variable suivant les circonstances et le terrain.

Quand les mitrailleuses sont déchargées, les animaux de bât sont soigneusement défilés avec l'échelon.

ART. XIX. — Offensive.

113. Les mitrailleuses interviennent directement dans le combat offensif, en renforçant par leur feu celui des groupes de combat.

Cette intervention s'exerce surtout sur les points où certaines unités, momentanément immobilisées, ont pour mission de protéger par leur feu la marche des fractions voisines.

Tout en cherchant à suivre les unités engagées d'aussi près que possible, les mitrailleuses ne doivent pas s'astreindre à les accompagner pas à pas. Elles progressent par bonds, de position de tir en position de tir, mais n'ouvrent le feu que si la situation tactique l'exige, ou s'il se présente des objectifs suffisamment vulnérables pour justifier la dépense de munitions qui en résultera.

Elles s'efforcent d'arriver sur la position en même temps que les troupes d'assaut.

114. L'emploi de la mitrailleuse est surtout indiqué pour couvrir les flancs d'une attaque, occuper les points d'appui à mesure qu'on s'en est emparé, en vue de poursuivre l'ennemi par le feu et de lui interdire tout retour offensif, jalonner une position de repli.

ART. XX. — **Défensive.**

115. Les mitrailleuses sont particulièrement aptes à renforcer l'infanterie dans l'occupation des points d'appui, soit sur le front, soit sur les flancs d'une ligne de combat.

Leur emploi permet donc à la défense d'économiser les effectifs immobilisés dans l'occupation du terrain et, par suite, de conserver une proportion plus importante de troupes disponibles pour la manœuvre.

On trouvera fréquemment une utilisation avantageuse des unités de mitrailleuses dans le flanquement des parties du front privées de feux directs et dans la constitution d'échelons de feu pour couvrir les flancs.

On les emploiera surtout à renforcer la défense des points particulièrement menacés, à repousser les assauts, à empêcher les mouvements tournants, à accompagner les contre-attaques.

Dans certains cas, on peut utiliser les mitrailleuses dès le début, pour battre efficacement les voies d'accès principales et les points de passage obligés (ponts, défilés, etc.), mais, en principe, il convient de réserver leur emploi pour les moyennes et les petites distances où elles donneront leur maximum de rendement.

En vue de cette action capitale, on doit, — au cours du combat — soustraire ces engins le plus soigneusement possible aux vues et aux coups et ne déceler leur présence que le plus tard possible. Si le terrain ne permet pas ce défilement, on construira au besoin des abris pour les pièces et les servants. L'action des mitrailleuses peut encore être augmentée par le dégagement du champ de tir, le repérage du terrain, un approvisionnement considérable de munitions.

116. Les mitrailleuses peuvent, dans certains cas, être utilement employées aux avant-postes : en particulier pour arrêter l'ennemi à certains points de passage ou pour assurer la possession des points d'appui que l'on a intérêt à conserver.

Art. XXI. — Combat de nuit.

117. Dans l'offensive, les mitrailleuses ne peuvent guère être employées que pour maintenir l'occupation des points d'appui conquis.

Dans la défensive, elles sont utilisées pour occuper un retranchement, renforcer un point d'appui, barrer les issues d'un cantonnement, battre une route ou un passage obligé, etc.

On aura toujours soin de les installer derrière un obstacle matériel, qui les mette à l'abri de la surprise immédiate, et on ne perdra pas de vue que le tir de nuit sera surtout efficace lorsqu'il aura été préparé de jour.

Art. XXII. — Combat en retraite.

118. Les mitrailleuses sont envoyées à temps sur les positions de repli successives. Par leur feu, elles protègent la manœuvre en retraite des unités au contact.

Ces déplacements sont généralement opérés en transportant le matériel à bras ou sur l'épaule ; les animaux ne sont rechargés que si l'opération peut être exécutée absolument à l'abri et s'il existe des cheminements défilés.

Art. XXIII. — Liaisons et solidarité de combat.

119. Le chef d'une section de mitrailleuses dispose pour les liaisons d'un soldat bicycliste.

En station ou en marche, le chef de section reçoit du chef de l'unité d'infanterie dont il relève tous les ordres nécessaires.

Dès qu'un engagement devient probable, il passe le commandement au sous-officier et se rend, suivi de l'agent de liaison, auprès du commandant de l'unité avec laquelle il doit opérer, pour reconnaître la situation et prendre ses instructions.

Lorsqu'il a reçu des indications précises sur la mission à accomplir ou le but à atteindre, il détermine rapidement le premier emplacement de la section. L'agent de liaison rejoint celle-ci pour la guider vers la position à occuper.

Pendant toute la durée de l'action le chef de section se tient, au moyen de l'agent de liaison, en relations avec le chef de l'unité d'infanterie. Il le renseigne sur sa situation et reçoit de lui, s'il y a lieu, de nouvelles instructions.

120. Les fractions d'infanterie et les sections de mitrailleuses concourant à la même action se doivent un mutuel appui.

La section de mitrailleuses se trouvant le plus souvent encadrée par d'autres troupes, n'a pas besoin de protection spéciale. Dans le cas contraire, le chef de l'unité dont elle relève pourvoit à sa sécurité.

Quand, par suite des circonstances mêmes du combat, les sections de mitrailleuses peuvent redouter une surprise ou une attaque inopinée, il appartient aux fractions d'infanterie les plus voisines de les en garantir, en disposant sur le flanc dangereux ou en arrière d'elles les échelons de surveillance ou de protection nécessaires.

Réciproquement, les sections de mitrailleuses doivent se sacrifier au besoin, dans les moments critiques, pour arrêter les progrès de l'adversaire et venir en aide à leur infanterie.

IIE PARTIE

MITRAILLEUSES DE FORTERESSE

TITRE VI

ORGANISATION DES SECTIONS

Art. XXIV. — **Dispositions générales.**

121. Le recrutement et l'instruction du personnel des sections de mitrailleuses de forteresse sont réglés par la Dépêche ministérielle du 22 février 1912 (Etat-major de l'armée. — 1er bureau).

Les mitrailleuses de forteresse comprennent : les sections de défense mobile sur affût trépied et les sections de défense des forts et ouvrages sur affût de rempart ou sur affût trépied.

Art. XXV. — **Sections de mitrailleuses de défense mobile.**

122. La composition des sections de mitrailleuses de défense mobile sur affût trépied est en principe la même que celle des sections de mitrailleuses de campagne.

Toutefois, les sections de forteresse ne comportent pas de train de combat et le nombre des mulets de munitions à l'échelon de tir est réduit de 6 à 4.

123. Les prescriptions du règlement sur la manœuvre et le tir des sections de mitrailleuses d'infanterie sur affût-trépied leur sont applicables.

Art. XXVI. — **Sections de mitrailleuses de défense des forts et ouvrages.**

124. La composition en matériel d'une section de mitrailleuses de la défense des forts et ouvrages est donnée par l'instruction du 28 juillet 1909.

125. Le personnel d'une section comprend en principe :

Un sous-officier, chef de section;

Deux caporaux (1), chefs de pièce;

Deux tireurs;

Deux chargeurs;

Deux aides-chargeurs;

Quatre pourvoyeurs (deux lorsque la mitrailleuse est montée sur affût trépied);

Un soldat armurier.

Chaque chef de pièce est responsable d'une mitrailleuse et de son affût; l'armurier est responsable des accessoires et rechanges.

Le personnel de la section est armé du fusil modèle 1886 M. 93 avec épée-baïonnette (2).

126. Les prescriptions du règlement sur la manœuvre et le tir des sections de mitrailleuses d'infanterie sont également applicables aux sections de mitrailleuses de défense des forts et ouvrages, sauf les modifications contenues dans les titres VII et VIII du présent règlement.

---

(1) *ou* brigadiers.

(2) *ou* du mousqueton d'artillerie, quand le personnel est emprunté à l'artillerie.

TITRE VII

SERVICE DE LA MITRAILLEUSE SUR AFFUT

DE REMPART

Emploi du personnel.

127. La mitrailleuse modèle 1907 sur affût de rempart modèle 1907 est servie par un tireur, un chargeur, un aide-chargeur et deux pourvoyeurs.

Le caporal chef de pièce reçoit les éléments du tir du chef de section, dirige les servants et observe les résultats du tir; il transporte généralement deux caisses à munitions.

Le tireur pointe, arme la mitrailleuse et tire en exécutant le fauchage sur le front.

Le chargeur alimente l'arme en munitions.

L'aide-chargeur dispose les caisses à munitions, prépare les bandes et les place à la portée du chargeur.

Les pourvoyeurs assurent le ravitaillement en munitions.

Tous les servants concourent à l'exécution du transport du matériel.

Transport du matériel.

128. Pour le transport à la position de batterie, le matériel est fractionné en trois fardeaux :

1° L'affût avec la mitrailleuse;

2° Le masque inférieur et la rallonge du masque supérieur;

3° Le masque supérieur.

Mesures préparatoires.

129. Faire reposer sur le sol les trois semelles de l'affût; enlever les masques, s'il y a lieu; rentrer complètement la rallonge de flèche; disposer la douille-support de console à peu près aux 2/3 de la longueur de la flèche télescopique à compter de la traverse de fourche; disposer la console à une position intermédiaire entre ses deux positions ex-

trêmes; baisser à fond la vis de pointage; amener au zéro
le coulisseau de pointage en direction et le levier de réglage de fauchage en direction; donner la même inclinaison
aux branches de fourche; bloquer tous les boulons ou vis
de serrage. Ces opérations sont exécutées conjointement
par le tireur, le chargeur et l'aide-chargeur, sous la surveillance du chef de pièce.

Disposer la mitrailleuse sur l'affût.

130. Le tireur ouvre les susbandes à charnières du support
pivotant, saisit la mitrailleuse de la main gauche à la poignée, de la main droite au canon, les ongles en dessous; il
se place ensuite à droite de l'affût, lui faisant face, engage
les tourillons dans leurs encastrements; ferme les susbandes
à charnières tout en soutenant la poignée; continue à tenir
la poignée et fixe en même temps la vis de pointage par
son crochet à la noix de la chape d'attache de la mitrailleuse en faisant pivoter la vis de pointage d'avant en
arrière.

Exécution du transport.

131. a) *Transport de la mitrailleuse et de l'affût.* — La
mitrailleuse étant disposée sur l'affût comme il est dit ci-
dessus, à l'indication « à bras » le chargeur s'équipe de la
bricole et va se placer entre les deux branches de fourche
face en avant; il fixe les extrémités de la bricole aux
branches de fourche et saisit des deux mains les poignées.

Le tireur et le chargeur saisissent respectivement les
poignées de crosse à douille, le tireur à droite.

A l'indication « ferme » du tireur, les trois servants font
effort simultanément pour soulever l'affût qu'ils amènent
ensuite et déposent sur le sol à proximité de l'emplacement
qui leur est indiqué.

b) *Transport des masques.* — Le 1er pourvoyeur transporte
le masque inférieur et la rallonge du masque supérieur en
tenant un masque sous chaque bras.

Le 2e pourvoyeur transporte le masque supérieur. A cet
effet il engage les deux crochets de la bretelle dans les mailles
des deux chaînes du masque et passe ensuite cette bretelle
sur l'épaule gauche; il maintient de la main gauche le
masque appliqué contre le corps.

Mise en batterie.

132. La mitrailleuse est mise en batterie en arrière d'un
épaulement.

Mise en place de l'affût.

133. Les servants, portant le matériel comme il est dit ci-dessus (n° 131), sont arrêtés soit en arrière de l'épaulement, à l'emplacement choisi pour la position de batterie, si le défilement est suffisant, soit, dans le cas contraire, en arrière de cette position dans un endroit défilé aux vues.

Au commandement « En batterie » fait par le chef de section, le chargeur et l'aide-chargeur s'appliquent aux deux branches de fourche, le chargeur à gauche; le tireur saisit la semelle de crosse.

A l'indication « Ferme » du tireur, tous font effort pour soulever l'affût et le poussent vers l'avant en faisant glisser la semelle de crosse sur le sol jusqu'à ce que les semelles articulées des branches de fourche viennent reposer sur l'épaulement le plus en avant possible.

Si, en raison de la hauteur de l'épaulement, la flèche télescopique doit être allongée pour venir prendre appui sur le sol, l'aide-chargeur desserre le boulon de serrage de la rallonge de flèche au moyen de l'une des broches de manœuvre pour amener la semelle de crosse au contact du sol, en la mettant à peu près horizontale; il bloque ensuite le boulon de serrage de flèche.

Mise en place des masques.

134. Les deux pourvoyeurs, après avoir déposé les masques à gauche de l'affût, exécutent successivement les opérations suivantes :

1° *Réunir les deux parties du masque supérieur.* — Le premier pourvoyeur place la rallonge debout sur le sol, l'ouverture en haut; le deuxième pourvoyeur fait coulisser le masque supérieur sur la rallonge, jusqu'à ce qu'il repose sur le sol et accroche les chaînes.

2° *Placer le masque supérieur.* — Les deux pourvoyeurs élèvent le masque au-dessus de l'affût de manière à engager la partie antérieure de l'arme dans l'ouverture du masque et l'accrochent ensuite sur les bras et la chape d'attache du support pivotant.

3° *Placer le masque inférieur.* — Le premier pourvoyeur accroche ce masque sur la traverse de fourche.

135. Réglage de l'affût. — Le réglage de l'affût comporte quatre opérations :

1° *Rendre horizontale la traverse de fourche.* — Le chargeur maintient la traverse au moyen de l'une des broches de manœuvre, engagée dans la douille de l'extrémité gauche de la traverse; avec l'autre broche de manœuvre, il débloque le boulon de serrage de la branche gauche de fourche, puis il élève ou abaisse cette branche sur les indications du tireur jusqu'à ce que la bulle du niveau du support pivotant soit entre ses repères; ce résultat obtenu, le chargeur débloque le boulon de serrage de la branche gauche de fourche.

2º *Amener la mitrailleuse à sa position de tir.* — L'aide-chargeur débloque le boulon de serrage de la douille-support de console et agit ensuite sur la manivelle de cliquet pour déplacer la douille sur la flèche jusqu'à ce que la mitrailleuse soit à la position de tir. Ce résultat obtenu, le tireur fait bloquer par le chargeur le boulon de serrage de la douille-support de console.

3º *Rendre vertical le pivot de la console.* — Le tireur saisit la poignée de la mitrailleuse et fait débloquer par le chargeur le boulon de serrage de console; le tireur fait alors pivoter la console de manière à amener entre ses repères la bulle du niveau de console; ce résultat obtenu, il fait bloquer par le chargeur le boulon de serrage de console. Il agit ensuite sur le volant de pointage pour mettre la mitrailleuse à peu près horizontale.

4º *Ajuster la rallonge du masque supérieur.* — L'aide chargeur et le chargeur décrochent les chaînes et, tout en maintenant la rallonge, la font descendre le plus possible sans qu'elle touche l'affût; ils raccrochent ensuite les chaînes.

Place des servants.

136. Le tireur se tient debout, en arrière de la mitrailleuse, la main droite à la poignée de la mitrailleuse, la main gauche au volant.

Le chargeur se tient à gauche et près de la mitrailleuse, en arrière du couloir d'alimentation; il fait face en avant et a à sa portée des bandes disposées par séries de 4.

L'aide-chargeur se tient un peu en arrière et à gauche du chargeur, face en avant; il a derrière lui des caisses à munitions chargées et devant lui, posée à plat, une caisse à munitions ouverte dont il retire les bandes qu'il dispose par séries de 4 sur la face supérieure de la caisse.

Le chef de pièce se tient en arrière et un peu à droite du tireur.

Les pourvoyeurs retournent à l'abri après mise en place des masques; ils apportent les caisses à munitions sur les indications du chef de pièce.

Les servants prennent leurs places au commandement de « A vos postes ».

Pointer.

137. Pointage fixe. — Pour pointer, après avoir reçu la désignation du but et l'indication de la distance, le tireur dispose la hausse pour la distance indiquée, met au zéro s'il n'y est déjà le levier de réglage du fauchage en direction, desserre la vis de serrage du coulisseau de pointage en direction en amenant le levier de serrage en arrière; il pointe ensuite en direction, puis en hauteur, en agissant successivement sur la poignée de la mitrailleuse et sur le volant de la vis de pointage. Il ramène ensuite en avant le levier de serrage de la vis du coulisseau de pointage.

138. Fauchage en direction. — 1° *L'amplitude de fauchage est donnée au tireur.* — Après avoir reçu la désignation de l'objectif, de la distance et de l'amplitude « en millièmes » du fauchage, le tireur agit tout d'abord comme il est prescrit au n° 137 en pointant sur le centre de l'objectif, puis il place le levier de réglage de fauchage en direction sur le limbe gradué en regard du nombre de « millièmes » qui lui a été indiqué; il imprime ensuite à la poignée un mouvement lent et alternatif de droite à gauche et de gauche à droite entre les deux butées qui limitent l'amplitude du mouvement de la mitrailleuse, et assure en même temps le pointage en hauteur en agissant sur le volant de la vis de pointage.

2° *Le fauchage doit s'exécuter sur toute l'étendue du front visible pour le tireur.* — Après avoir reçu la désignation de l'objectif et de la distance, le tireur agit tout d'abord comme il est prescrit au n° 137 en pointant sur le centre de l'objectif; il place ensuite le levier de réglage de fauchage en direction en regard d'une division du limbe gradué arbitrairement choisie, déplace la mitrailleuse en agissant sur la poignée, constate si le fauchage ainsi obtenu correspond au front à battre, puis déplace le levier de réglage s'il y a lieu, de façon à se trouver dans les limites voulues pour battre toute l'étendue du front. Il imprime ensuite à la poignée un mouvement lent et alternatif de droite à gauche et de gauche à droite entre les deux butées qui limitent l'amplitude du mouvement de la mitrailleuse et assure en même temps le pointage en hauteur avec le volant de la vis de pointage.

Disposer le régulateur.

139. Le régulateur est disposé, avant le tir, à la division convenable par le tireur.

Lorsque le régulateur doit être manipulé après l'ouverture du feu, le chef de pièce suspend le tir et le chargeur ouvre ou ferme le régulateur selon le cas.

Régler la cadence du tir.

140. En position normale, le bouton de tir rapide est toujours poussé à fond et le levier de l'appareil de réglage disposé pour obtenir une cadence voisine de 250.

A l'indication d'accélérer la cadence ou de la ralentir, le tireur agit avec la main gauche sur le levier de réglage.

A l'indication de tir rapide, le tireur tire complètement vers l'extérieur le bouton de tir rapide.

Préparer les bandes.

141. Les bandes sont retirées des caisses et disposées à proximité du chargeur par l'aide-chargeur.

Celui-ci vérifie chaque bande chargeur, s'assure que toutes les cartouches sont bien placées et, en particulier, qu'aucun culot ne déborde la lisière de la bande; il repousse à leur place les cartouches dont le culot serait en saillie.

Les bandes sont disposées devant le chargeur par couches de 4 bandes, de manière qu'il n'ait pas à les retourner avant de les introduire dans le couloir d'alimentation (les cartouches en-dessous, les balles en avant ou à gauche) (1).

Charger la mitrailleuse.

142. Pour pouvoir introduire la première balle, la culasse mobile doit être fermée.

Pour charger, saisir la bande, l'introduire dans le couloir d'alimentation, les cartouches en dessous, les balles en avant; pousser franchement, mais sans effort, la bande dans le couloir jusqu'à ce que se produise l'encliquetage annonçant que l'opération s'est bien effectuée. Si l'encliquetage ne se produit pas quand la bande est poussée franchement, le chargeur retire la bande et le tireur manœuvre rapidement l'arme à vide deux fois de suite.

---

(1) Dans le cas du tir à blanc, le chargeur et l'aide-chargeur vérifient avec soin qu'aucune cartouche à balle n'est mélangée aux cartouches à blanc.

Armer.

143. Saisir la poignée du levier d'armement avec la main gauche, la tirer suivant son axe pour dégager le bonhomme arrêtoir; ramener le levier en arrière jusqu'à la butée en faisant décrire à la main une demi-circonférence vers le haut. Replacer ensuite le levier dans sa position primitive.

Tirer.

144. Au commandement de « Feu », le tireur agit sur la détente avec l'index de la main droite.

En tir débloqué, il exécute en même temps le fauchage sur le front comme il est prescrit.

En tir bloqué ou en tir débloqué, le tireur agit avec la main gauche sur le volant pour rétablir le pointage en hauteur lorsque celui-ci vient à être dérangé.

Alimenter la mitrailleuse.

145. Pour alimenter d'une façon continue la mitrailleuse, introduire dans le couloir, au moment où il ne reste plus sur la bande engagée dans l'arme que quatre ou cinq cartouches non tirées, une nouvelle bande, de manière que la première cartouche de cette bande soit au contact de la dernière cartouche de la bande précédente.

Pousser la nouvelle bande de façon à maintenir le contact de la bande engagée, mais en évitant d'exercer aucun effort; abandonner la bande, dès qu'elle est engrenée dans les ailettes du barillet.

Interrompre et reprendre le tir.

146. Au commandement « Halte au feu », et pour interrompre momentanément le tir, le tireur abandonne la détente.

Au commandement de « Continuez le feu », et pour reprendre le tir, le tireur agit de nouveau sur la détente.

Cesser le feu.

147. Le feu cesse de lui-même lorsque le chargeur cesse d'alimenter la mitrailleuse; le tireur s'assure qu'il ne reste plus de cartouche dans la chambre ou dans le mécanisme.

Le feu peut encore cesser au commandement de « Cessez le feu ». A ce commandement, le tireur abandonne la détente, le chargeur retire la bande engagée; enfin le tireur retire la culasse, enlève la cartouche engagée sur l'élévateur et replace la culasse.

Changer de position.

148. A l'indication « Démontez et amenez » du chef de pièce, le premier pourvoyeur enlève le masque inférieur et le dépose à gauche de l'affût.

Le chargeur et l'aide-chargeur relèvent la rallonge du masque supérieur.

Le tireur baisse à fond la vis de pointage et met au zéro le coulisseau de pointage en direction et le levier de réglage de fauchage en direction. S'il y a lieu, il fait débloquer par le chargeur le boulon de serrage de console, replace celle-ci dans une position moyenne entre les deux positions extrêmes qu'elle peut prendre et fait bloquer ensuite le boulon de serrage.

S'il y a lieu, l'aide-chargeur agit sur la manivelle de cliquet après avoir débloqué le boulon de serrage de la douille de support de console, de manière à amener cette douille aux 2/3 environ de sa course sur la flèche télescopique à partir de la traverse de fourche; il bloque ensuite le boulon de serrage.

Les deux pourvoyeurs enlèvent le masque supérieur et le déposent à gauche de l'affût; ils séparent ensuite les deux parties du masque.

Le tireur, le chargeur et l'aide-chargeur s'appliquent ensuite à l'affût comme il est prescrit au n° 133 et le font reculer en faisant glisser la semelle de crosse sur le sol, jusqu'à ce que les semelles des branches puissent être déposées sur le sol en arrière de l'épaulement.

Les pourvoyeurs ramassent toutes les bandes et les remettent dans les caisses.

Le chef de pièce fait ensuite transporter le matériel sur la nouvelle position en se conformant aux prescriptions du n° 131.

Ramener le matériel à l'abri.

149. Le transport du matériel à la position d'abri s'exécute comme il est prescrit au n° 131.

TITRE VIII

MANŒUVRE ET TIR DE LA SECTION

Règles générales.

150. Le matériel est normalement disposé dans un abri à l'épreuve du bombardement, situé à proximité des positions de combat.

151. Le personnel est rassemblé dans l'abri quand l'ordre en est donné par le commandant de l'ouvrage. Le matériel est alors immédiatement monté comme il est prescrit aux nos 129 et 130 ; chaque chef de pièce examine la mitrailleuse qui lui est confiée, s'assure que le régulateur est disposé à la division convenable ainsi que le levier de réglage de la cadence; l'armurier vérifie le bon état du matériel; il est équipé d'une sacoche contenant les accessoires et rechanges indispensables.

Les servants déposent leurs armes et se tiennent prêts à assurer le transport du matériel sur la position de tir. Le chef de section reçoit du commandant de l'ouvrage l'indication des positions à occuper en arrière des parapets. Ces positions reconnues à l'avance sont déterminées de manière que les deux mitrailleuses battent le même terrain; elles sont situées de préférence en arrière de talus raides qui permettent, dans la mise en batterie, de placer la traverse à fourche notablement plus haut que la semelle de crosse et donnent par suite aux servants une meilleure protection derrière les masques.

Dans les circonstances les plus favorables, les emplacements de tir pourront même être disposés en arrière de parapets bétonnés à talus intérieurs verticaux.

Mise en batterie.

152. Le chef de section se rend sur la position de tir

et détermine l'emplacement de chaque mitrailleuse. Afin de diminuer les pertes causées par le feu de l'ennemi, l'intervalle entre les pièces doit être aussi large que possible, à la condition toutefois que le commandement soit assuré dans de bonnes conditions.

153. Le chef de section appelle ensuite les chefs de pièce et les dirige du geste sur leurs emplacements.

Les chefs de pièce se portent rapidement sur ces emplacements, déposent à terre leurs deux caisses à munitions et se placent en arrière de l'épaulement. Le chef de section leur désigne un objectif et une hausse. Ce premier objectif peut être soit une troupe contre laquelle le feu va être ouvert de suite, soit une fraction dont le mouvement sera suivi par les tireurs, soit un point du terrain dans le voisinage duquel le feu sera vraisemblablement dirigé. Toute mitrailleuse en batterie est pointée sur un objectif déterminé.

154. Dès que les chefs de pièce sortent de l'abri, les servants prennent leurs dispositions pour le transport du matériel.

155. Au commandement de « En batterie » du chef de section, le matériel est transporté comme il est prescrit au n° 131.

Les chefs de pièce indiquent du geste les emplacements des affûts, qui sont immédiatement mis en batterie par les servants comme il est prescrit au n° 133.

Les servants prennent ensuite leurs places.

Le tireur pointe l'arme d'après les indications du chef de pièce; celui-ci dégrossit lui-même le pointage lorsque la désignation de l'objectif est délicate.

L'aide-chargeur ouvre l'une des caisses à munitions apportées par le chef de pièce et commence à disposer les bandes.

Les pourvoyeurs retournent à l'abri et, s'il y a lieu, en rapportent le nombre de caisses à munitions indiqué par le chef de section. Ils reviennent ensuite à l'abri.

156. Pendant le transport et la mise en batterie les servants se défilent le plus possible en arrière de l'épaulement; une fois la mise en batterie effectuée, ils restent groupés autour de l'affût de façon à être abrités par les masques contre les atteintes des balles ennemies, tout en assurant commodément le service de la mitrailleuse. Le chef de section évite de faire sa mise en batterie prématurément; il peut du reste faire coucher ou abriter ses hommes à proximité des mitrailleuses jusqu'au moment de l'ouverture du feu.

157. Pendant la mise en batterie et pendant les interruptions du feu, les chefs de pièce ne cessent d'observer, signalant au chef de section tout objectif nouveau et lui en donnant la distance.

158. L'armurier est maintenu à l'abri. Les chefs de pièce n'ont recours à lui que s'ils ne peuvent remédier eux-mêmes à un enrayage ou si une pièce doit être remplacée.

Ravitaillement.

159. Il est de la plus haute importance que le ravitaillement en munitions soit assuré d'une façon constante.

A l'ouverture du feu, chaque mitrailleuse doit disposer de 4 caisses de cartouches et d'un bidon rempli d'eau.

En principe, les pourvoyeurs sont maintenus à l'abri. Au commandement de « Ravitaillement » du chef de section, un pourvoyeur par pièce se porte sur la position de tir, complète à quatre le nombre des caisses pleines et enlève les caisses vides.

Les deux autres pourvoyeurs disposent de nouvelles cartouches sur les bandes vides et remplissent de bandes pleines les caisses à munitions vides.

Le chef de section se tient constamment au courant des disponibilités en cartouches.

Changement de position.

160. Lorsque la section en batterie doit effectuer un changement de position, le chef de section fait placer les chefs de pièce sur les nouveaux emplacements que doivent occuper leurs pièces, puis commande :
« A bras ». En batterie. Ravitaillement. — Chaque pièce est transportée à bras comme il est prescrit au n° 131, le ravitaillement est exécuté immédiatement sur la nouvelle position par les pourvoyeurs.

161. Pendant l'exécution des changements de position, les servants défilent le plus possible en arrière de l'épaulement.

162. La section quitte la position de batterie pour se rendre à l'abri dans l'ordre inverse de celui qui est indiqué pour la mise en batterie, au commandement de: Démontez. A l'abri.

ANNEXE N° 1

ARMEMENT, HABILLEMENT ET ÉQUIPEMENT, OUTILS, CAMPEMENT ET MUNITIONS.

Art. I. — Armement.

163. Le télémétreur et les deux conducteurs du caisson (1) sont armés du revolver et reçoivent 18 cartouches.

Le sous-officier et le reste du personnel sont armés du mousqueton d'artillerie avec sabre-baïonnette et reçoivent 54 cartouches (18 chargeurs) [2].

Art. II. — Habillement et équipement.

164. L'habillement et l'équipement sont ceux de l'unité d'infanterie à laquelle la section est rattachée (3). L'agent de liaison bicycliste est pourvu de bandes molletières.

Le sous-officier adjoint, les caporaux chefs de pièce, les tireurs et l'agent de liaison cycliste portent sur la tunique. la capote et la veste, un insigne spécial dont la description est donnée par la circulaire ministérielle du 31 janvier 1908.

Art. III. — Outils.

165. L'assortiment d'outils portatifs pour la section du type mixte ou la section du type alpin comprend 17 outils, savoir :

Outils de terrassier.......

- 7 bêches.
- 2 pioches.

Outils de destruction.....

- 3 haches, dont 1 ordinaire mod. du génie.
- 2 serpes.
- 2 cisailles à main.
- 1 scie articulée.

---

(1) Pour la section du type mixte.

(2) A défaut de mousqueton, le personnel est armé du fusil modèle 1886 modifié 1893 avec épée-baïonnette et reçoit 56 cartouches : B. O., vol. 98, p. 10.

(3) Bien que doté de moins de 88 cartouches, le personnel est pourvu de trois cartouchières et de bretelles de suspension.

Le train de combat (caisson de ravitaillement ou mulets, transporte, en outre, des outils de parc au nombre de 5, savoir :

    1 hache à tête,
    2 pelles rondes M^{le} 1862,
    2 pioches.

Art. IV. — Campement.

166. La section est pourvue d'ustensiles de campement en nombre proportionnel à son effectif.
Une lanterne pliante est affectée à chaque escouade.

Art. V. — Munitions.

167. Il est alloué en temps de paix pour chaque section de mitrailleuses des troupes actives :

    Cartouches à balle.................... 15,000
    Cartouches à blanc.................... 20,000

Pour chaque section de mitrailleuses des régiments de réserve convoqués dans l'année :

    Cartouches à balle.................... 5,000
    Cartouches à blanc.................... 5,000

168. L'approvisionnement du temps de guerre est déterminé par des instructions spéciales.

169. Un approvisionnement spécial de munitions est constitué, pour chaque section de mitrailleuses, au parc de corps d'armée et au grand parc.

ANNEXE N° 2

INSTRUCTION

SUR

LE TÉLÉMÈTRE DE 80 CENTIMÈTRES

MODÈLE 1909 M (1)

§ I. — Principe.

177. Le télémètre est organisé en vue de permettre de mesurer les distances avec un seul opérateur au moyen d'observations faites en une même station

Les rayons lumineux émis par un objet B pénètrent dans l'instrument par deux *fenêtres* F_1, F_2 et traversent deux prismes E_1, E_2 où ils subissent une double réflexion qui a pour effet de les renvoyer dans des directions perpendiculaires à leurs directions primitives.

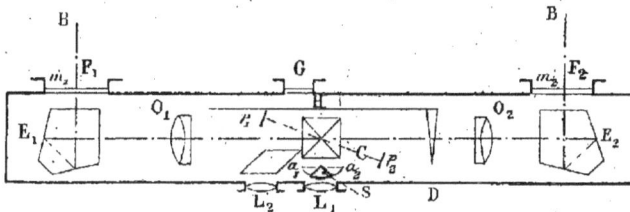

Les deux faisceaux lumineux sont ensuite concentrés par des *objectifs* O_1, O_2, puis réfléchis à nouveau par un système de *prismes centraux* C de manière à former deux images a_1, et a_2, de l'objet que l'on observe à l'aide d'un *oculaire* L_1.

Lorsque l'objet B est à une distance très grande, les deux rayons incidents BE_1, BE_2 peuvent être considérés comme parallèles; les deux images a_1 et a_2 sont alors en coïncidence.

Lorsque l'objet B est à une distance finie, les deux rayons BE_1, BE_2 forment un certain angle qui dépend de

---

(1) Cette instruction est applicable au télémètre de 80^{cm} modèle 1909-1912, qui ne diffère du précédent que par des modifications de détail.

la distance de l'objet; les deux images a_1 et a_2 ne coïncident pas et leur écartement est d'autant plus grand que la distance de l'objet est plus petite. La mesure de la distance est effectuée en rétablissant la coïncidence au moyen d'un *prisme déviateur* D.

Ce prisme, placé derrière l'objectif o_2, peut recevoir, à cet effet, un mouvement de translation suivant l'*axe* de l'instrument en entraînant avec lui une *échelle* qui se déplace devant un *index*. La translation du prisme permet de déplacer l'image a_2 et de noter sur l'échelle la position pour laquelle les deux images coïncident. L'échelle peut être observée soit directement à travers une *fenêtre* G, soit par réflexion dans un *prisme* en regardant dans l'*oculaire de lecture* L_2.

Les prismes centraux ne réfléchissent qu'une partie des images données par les objectifs; le paysage vu dans l'oculaire paraît divisé en deux champs séparés par une ligne très fine dite *ligne de séparation*; la partie supérieure du champ est fournie par l'objectif gauche O_1, la partie inférieure par l'objectif droit O_2. Lorsque la ligne de séparation coupe l'image, l'opérateur aperçoit l'objet comme le montre la figure ci-contre, l'écartement des deux images dépendant de la distance de l'objet.

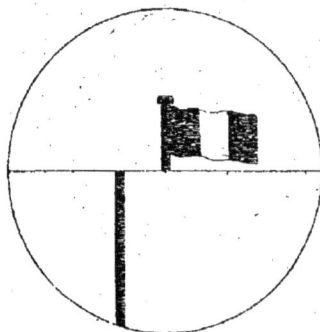

Pour effectuer la mesure, l'opérateur raccorde les deux images.

La ligne de séparation est fournie par l'arête d'un *prisme séparateur* fixé sur la monture des prismes centraux.

Indépendamment de ces organes essentiels, le télémètre comprend:

Deux *verres* m_1, m_2 placés dans les fenêtres devant les prismes d'extrémité; le verre m_1 est un prisme de très petit angle, le verre m_2 est une glace à faces parallèles.

Un *astigmatiseur* composé de deux verres cylindriques p_1, p_2 qu'un levier permet d'interposer dans le trajet des rayons lumineux. Cet astigmatiseur allonge les images dans le sens vertical et permet ainsi de mesurer les distances d'objet de faible hauteur ou les points lumineux pendant la nuit.

Deux *verres colorés* fixés sur la monture de l'oculaire de visée (télémètre 1909-1912).

Malgré les dispositions prises pour assurer la fixité des différents éléments, les chocs ou les variations de température sont susceptibles d'influer sur le réglage de l'appareil. Il est par suite nécessaire de pouvoir vérifier et rectifier, s'il y a lieu, le réglage.

L'appareil est réglé :

1° Lorsque les images partielles de l'objet visé sont vues

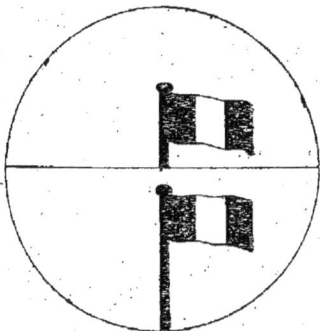 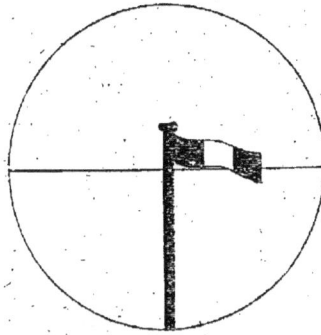

Doublement.   Manque.

sans *doublement* et sans *manque* dans le sens de la hauteur (voir figures ci-dessus);

2° Lorsque le raccordement des images étant effectué, la distance lue sur l'échelle correspond à la distance exacte de l'objet.

L'opération qui a pour but de remédier à un *manque* ou à un *doublement* s'appelle le *réglage vertical;* elle s'effectue en faisant tourner le *prisme d'extrémité gauche.*

L'opération qui permet d'assurer le raccordement des images quand la distance donnée par l'échelle correspond à la distance exacte de l'objet s'appelle le *réglage horizontal;* elle s'exécute en faisant tourner le verre *prismatique* m_1 placé devant la fenêtre gauche.

§ II. — Description du télémètre et de son trépied.

Voir planches annexées I et II.

§ III. — Mode d'emploi.

171. Mettre le télémètre en station. — Desserrer l'écrou à oreilles et le bouton moleté de la tête du trépied. Engager successivement les entretoises des pieds dans les mâchoires de la pince. Serrer la pince en tournant le bouton moleté. Déplier les branches à coulisse des pieds et les fixer à la hauteur convenable en serrant les écrous.

Monter le télémètre sur son support, placer les bagues en laiton sur les glissières du support et faire tourner le télémètre autour de son axe pour engager les agrafes au-dessous des glissières.

172. Viser et mettre au point. — Faire tourner les obturateurs pour démasquer les fenêtres des prismes. Saisir les deux poignées et faire tourner le télémètre sur son pied pour le diriger à vue dans une direction perpendiculaire à celle du but. Observer, en plaçant les yeux aux oculaires, le front appuyé contre l'œillère. Mettre au point l'oculaire droit en agissant sur le levier de mise au point. Amener l'image de l'objet au milieu du champ et au-dessous de la ligne de séparation. Serrer l'écrou à oreilles pour immobiliser la tête du pied. Vérifier et rectifier, s'il y a lieu, le réglage vertical (1). Faire tourner le télémètre sur les glissières de manière à amener l'image du but à être bissectée par la ligne de séparation des deux champs.

173. Lecture d'une distance. — Pour lire une distance, déplacer légèrement la tête à gauche ou à droite de façon à amener l'œil gauche devant l'oculaire de lecture ; cet oculaire ne possède aucun organe de mise au point. Lire la distance en face du repère.

La distance peut encore se lire en regardant à travers la fenêtre placée au centre et sur le devant du télémètre.

174. Mesure d'une distance. — Pour mesurer une distance, on peut employer l'une des deux méthodes suivantes :

a) **Méthode de l'encadrement.** — Agir sur le bouton du prisme déviateur jusqu'à ce que l'image supérieure semble se raccorder avec l'image inférieure, puis continuer le mouvement dans le même sens de façon à faire déborder l'image d'une quantité à peine appréciable. Noter la distance.

Tourner le bouton du prisme déviateur en sens inverse de façon à faire déborder légèrement l'image de l'autre côté. Noter la distance.

La moyenne des deux résultats obtenus sera la distance cherchée.

Avec un peu d'habitude, on peut se dispenser de noter les deux distances de l'encadrement pour en faire ensuite la moyenne. Il suffit, après avoir effectué les deux encadrements, de ramener le prisme dans la position médiane, puis de lire la distance.

b) **Méthode directe.** — Agir sur le bouton du prisme déviateur dans le sens convenable de manière à raccorder les deux images sans produire le débordement des images. Faire la lecture de la distance. Cette méthode est moins précise que la précédente.

Quelle que soit la méthode employée, il faut en principe

---

(1) Voir page 62, n° 178.

Tampon gauche — Œillère — Oculaire gauche de lecture
Obturateur — Oculaire droit de visée

Obturateur
Tampon droit

levier d'astigmatiseur
Bouton de commande
du prisme déviateur

Poignée articulée
Tête du pied
Bretelle

Poignée articulée

Pied

Branche à coulisse

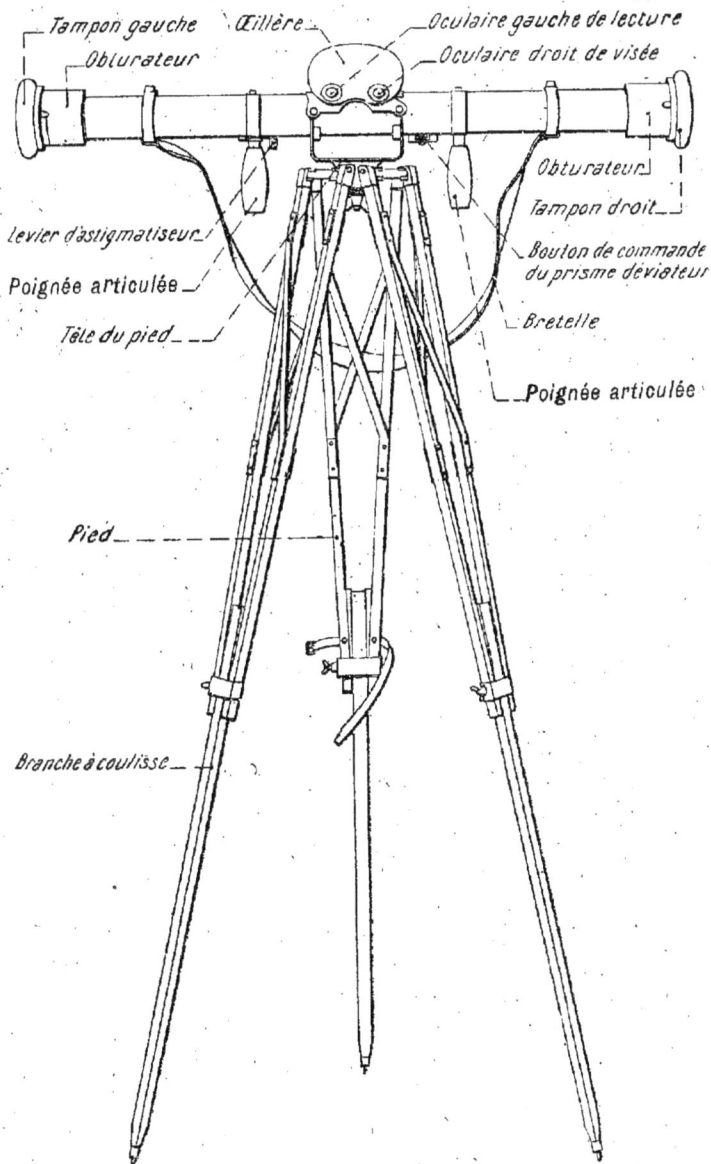

PL. I _Télémètre de 80 M^{le} 1909. M

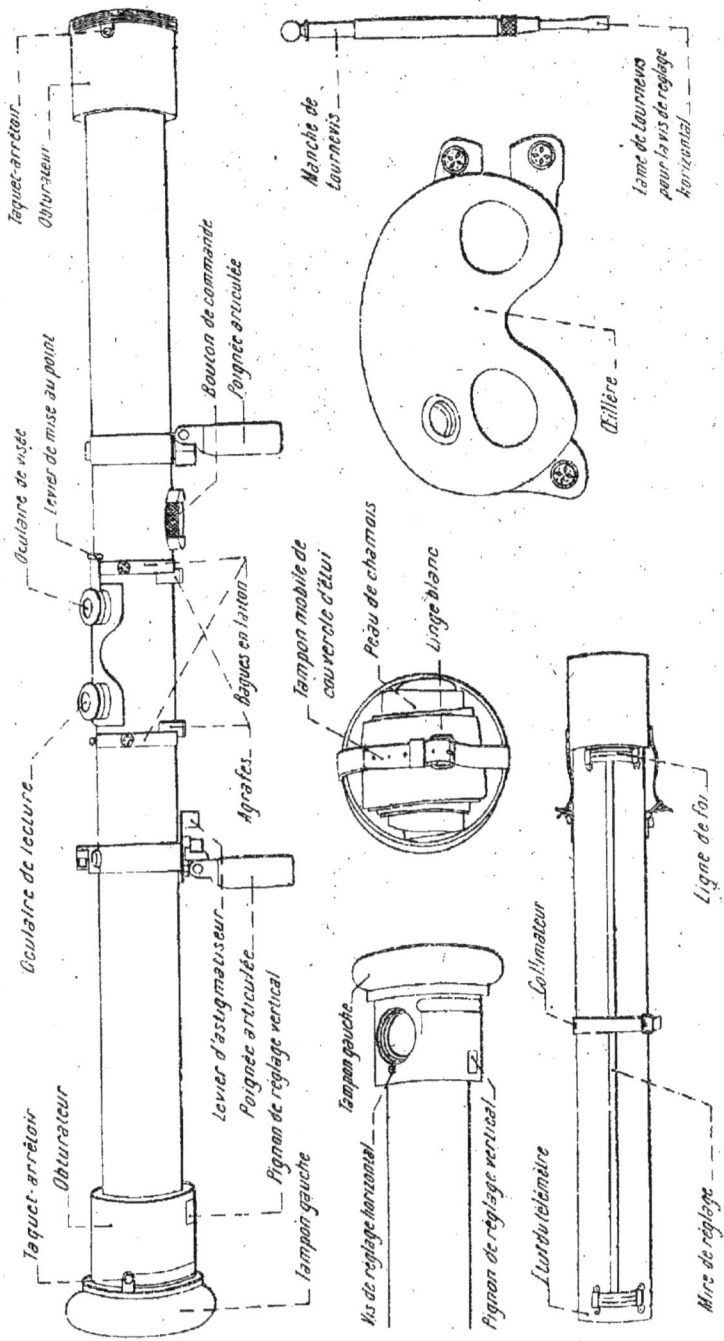

PL. II.—Détails du télémètre de 80 Mˡᵉ 1909 M

Taquet-arrêtoir
Obturateur
Bouton de commande
Poignée articulée
Oculaire de visée
Levier de mise au point
Manche de tournevis
Lame de tournevis pour la vis de réglage horizontal
Œillère
Peau de chamois
Linge blanc
Tampon mobile de couvercle d'étui
Bagues en laiton
Agrafes
Oculaire de lecture
Levier d'astigmatiseur
Poignée articulée
Pignon de réglage vertical
Tampon gauche
Taquet-arrêtoir
Obturateur
Tampon gauche
Vis de réglage horizontal
Pignon de réglage vertical
Collimateur
L'axe du télémètre
Ligne de foi
Mire de réglage

effectuer 3 mesures successives et prendre comme mesure
de la distance la valeur médiane des trois résultats obtenus

OBSERVATIONS

175. Lorsque la hauteur de l'objet visé est trop petite
pour que l'on puisse bissecter facilement son image par la
ligne de séparation, on procède par doublement, ou par
astigmatisme des images :

a) **Par doublement des images.** — Dérégler le télémètre en agissant sur le pignon de réglage vertical de façon
à produire un léger doublement des images. Puis, manœuvrer le bouton du prisme déviateur pour amener les
deux images l'une au-dessous de l'autre sur une perpendiculaire à la ligne de séparation des champs. Faire la lecture.

b) **Par l'astigmatisme des images.** — Agir sur le levier
d'astigmatiseur pour l'interposer sur le passage des rayons
lumineux et l'y maintenir en continuant la pression du
doigt. Opérer sur l'image déformée du but comme il a été
dit pour un objet de hauteur suffisante,

176. Pour mesurer la distance d'une crête, d'une tranchée,
et, en général, de tout objet se présentant sous forme d'une
ligne horizontale ou inclinée, il peut être utile de disposer
le télémètre verticalement pour que l'image se présente perpendiculairement à la ligne de séparation des champs. A
cet effet, baisser le support en rentrant les branches à cou-
lisses du trépied. Enlever le télémètre de son support et le
faire reposer par son tampon sur la tête du pied, le maintenir par les poignées, lui donner l'inclinaison voulue pour
que l'image soit vue perpendiculairement à la ligne de séparation, puis opérer comme il a été dit précédemment.

177. En principe, le télémètre doit toujours être employé
sur son pied. Cependant, on peut, dans certains cas, l'utiliser seul. L'opérateur doit alors passer la bretelle par-dessus sa tête, saisir le télémètre par les poignées et s'appuyer
contre un support matériel (arbre, mur, talus, rochers, etc.),
en se tenant debout, à genoux ou couché. A défaut d'appui
matériel, l'observateur peut appuyer le télémètre sur le dos
d'un aide placé devant lui. Enfin, pour opérer debout sans
aucun appui, il faut serrer les coudes au corps pour augmenter la fixité de l'instrument.

§ IV. — Réglages.

———

1° RÉGLAGE VERTICAL.

178. Un faible déréglage vertical n'occasionne pas d'erreur appréciable, sauf toutefois dans le cas où l'on opère sur un objectif incliné sur la ligne de séparation des champs.

Pour vérifier le réglage vertical, pointer le télémètre de façon à ne faire apparaître l'objet visé que dans la partie inférieure du champ. Tourner le télémètre sur son support pour faire monter lentement l'image dans le champ. Si le réglage est correct, l'extrémité supérieure de l'objet apparaît dans le champ supérieur à l'instant où elle disparaît dans le champ inférieur. Si l'extrémité supérieure de l'objet apparaît dans le champ supérieur, alors qu'elle est encore visible dans le champ inférieur, il y a *doublement*. Si, au contraire, la partie supérieure de l'image disparaît au moment où elle atteint la ligne de séparation pour apparaître un instant après dans le champ supérieur, il y a *manque*.

Pour corriger le manque ou le doublement, tourner dans le sens convenable le pignon de réglage vertical. On peut agir sur ce pignon en conservant l'œil à l'oculaire.

2° RÉGLAGE HORIZONTAL.

179. Le réglage horizontal ne doit être entrepris que dans des conditions atmosphériques favorables.

Avant de procéder à ce réglage, il faut avoir soin de vérifier et rectifier, s'il y a lieu, le réglage vertical.

Pour effectuer le réglage horizontal, on peut employer l'un des deux procédés ci-après, suivant que l'on dispose ou non d'objets à distances connues.

180. 1er procédé. — Réglage sur un objet à distance connue. — Choisir un objet à contours nettement définis et dont la distance soit connue très exactement (1); de pré-

———

(1) La distance de l'objet doit être connue à :
    3 mètres près pour une distance de 1.000 mètres.
    12 mètres près pour une distance de 2.000 mètres.
    27 mètres près pour une distance de 3.000 mètres.
    48 mètres près pour une distance de 4.000 mètres.
    75 mètres près pour une distance de 5.000 mètres.
    100 mètres près pour une distance de 6.000 mètres.

férence, prendre un objet très éloigné, et opérer, si on le peut, sur la lune ou sur une étoile.

Pour *régler sur un objet à distance finie* : agir sur le bouton du prisme déviateur pour faire marquer à l'échelle la distance de l'objet. Observer dans le télémètre et vérifier le raccordement des images. Si les images ne se raccordent pas, prendre le tournevis spécial (1) et agir sur la vis du réglage horizontal en tournant dans le sens convenable de façon à établir le raccordement exact.

Pour *régler sur un objet à distance infinie:* faire marquer à l'échelle la distance « infini » (2) et opérer comme il est dit pour un objet à distance finie.

Pour *régler sur la lune*, amener la ligne de séparation sur un diamètre de l'astre. Pour *opérer sur une étoile*, faire usage de l'une des deux méthodes indiquées pour la mesure de buts de faible hauteur. (Page 61).

181. 2e procédé. — Réglage à l'aide de la mire. — Chaque télémètre comporte une mire qui lui est affectée spécialement et ne peut être utilisée pour un autre instrument. Cette mire est fixée sur l'étui. Elle présente deux lignes de foi dont l'écartement est égal à la longueur de la base du télémètre.

Lorsque la mire est disposée en avant de l'instrument dans une direction parallèle à la base, les rayons lumineux issus des deux lignes de foi et qui tombent sur les prismes leur faisant vis-à-vis forment deux faisceaux parallèles comme s'ils émanaient d'un point situé à l'infini. Il en résulte que, si l'instrument est réglé et si la division

« infini » de l'échelle est placée devant le repère de lecture, la mire observée dans le télémètre présente l'aspect indiqué dans la figure ci-dessus: les 2 images partielles des lignes de foi situées au milieu du champ se raccordent exactement.

Si l'instrument est déréglé, les deux images partielles ne se raccordent pas, et il est nécessaire d'agir sur la vis de réglage (1) pour rétablir le raccordement.

Pour régler sur la mire, un aide portant l'étui horizontalement à hauteur des yeux se place face au télémètre et à environ 100 mètres de distance; puis, visant dans le col-

---

(1) Le tournevis n'est nécessaire que pour le télémètre de 80 cm, mod. 1909 M. Pour le télémètre de 80 cm, mod. 1909-1912, agir à la main sur le pignon de réglage horizontal

(2) La division correspondant à la distance « infini » est marquée par une étoile.

limateur, il oriente l'étui de manière à amener la ligne de
foi à être verticale et dirigée sur le milieu du télémètre.

Le télémétreur vise sur la mire et exécute le réglage
comme il est indiqué plus haut.

Vérification du réglage.

182. Quel que soit le procédé employé, on doit, après
avoir rétabli le raccordement des images, vérifier que le
réglage obtenu est satisfaisant.

Exécuter, à cet effet, 10 mesures successives sur l'objet
utilisé pour le réglage.

Si le réglage a été exécuté sur un objet à distance finie,
la moyenne des 10 mesures ne doit différer de la distance
vraie que de l'erreur admise pour cette distance (1).

Si le réglage a été exécuté sur un objet à distance infinie
ou sur la mire, lire les mesures de vérification sur les
divisions équidistantes tracées de part et d'autre du trait
correspondant à la distance infinie. L'écart résultant de la
moyenne des 10 mesures ne doit pas dépasser demi-division.

Si la vérification ne donne pas un résultat satisfaisant
aux conditions ci-dessus, procéder à un nouveau réglage de
l'instrument.

§ V. — Démontage du télémètre.

183. Le démontage du télémètre est formellement interdit
dans les corps de troupe.

§ VI. — Examen et entretien du télémètre.

184. Le défaut de propreté des organes du télémètre
se manifeste par un obscurcissement des images. L'obscurcissement du champ supérieur est dû à un défaut de propreté des éléments optiques de gauche, l'obscurcissement
du champ inférieur à un défaut de propreté de ceux de
droite.

Toute tache nettement définie vue à travers l'oculaire
droit est due à un défaut de propreté du prisme séparateur. Les taches mal définies proviennent de matières étran-
gères placées sur la face convexe du prisme séparateur ou
sur les faces des prismes centraux.

L'étanchéité de l'instrument est suffisante pour que les
éléments optiques intérieurs n'aient besoin d'être nettoyés

---

(1) L'erreur à admettre ne doit pas dépasser :
10 mètres pour une distance de 1.000 mètres.
25 mètres pour une distance de 1.500 mètres.
40 mètres pour une distance de 2.000 mètres.

que très rarement. Ce nettoyage, qui nécessite des précautions particulières, ne peut être effectué que par des spécialistes.

Tout instrument ayant besoin d'un nettoyage intérieur doit être envoyé à l'établissement chargé du service des réparations.

L'entretien dans les corps de troupe se réduit au nettoyage des parties extérieures accessibles sans démontage. Pour les éléments optiques, ce sont : les verres des fenêtres d'extrémité, le verre de la fenêtre de lecture, l'oculaire de visée et l'oculaire de lecture.

Pour nettoyer un verre, souffler sur la surface pour chasser les poussières, et essuyer ensuite avec un linge blanc fin non pelucheux ; frotter très légèrement.

Ne jamais frotter une surface de verre avec les doigts, avec du drap, des gants, ou toute autre matière pouvant la graisser ou la rayer.

Les parties métalliques doivent être nettoyées avec un linge ou une peau de chamois. Il est formellement recommandé de ne pas faire usage de poudre ou de pâte dont l'emploi entraînerait la perte des propriétés optiques de l'instrument.

§ VII. — Transport du télémètre et accessoires.

185. Le télémètre, placé dans son étui, est transporté à dos d'homme.

Le trépied est arrimé sur le bât de mitrailleuse qui porte la caisse n° 2.

Les accessoires comprennent :

1 œillère en caoutchouc
2 poignes articulées } fixées sur le télémètre.

1 peau de chamois
1 linge blanc
1 tournevis pour le réglage horizontal (1) } placés dans le tampon mobile du couvercle de l'étui.

1 œillère de rechange
2 linges blancs de rechange } placés dans la caisse d'emmagasinage (2).

§ VIII. — Renseignements numériques.

186. Poids { Télémètre dans son étui.... 6 kg. 300 / Pied de télémètre.......... 3 kg. 000
Longueur de base.................... 80 cent. envir.
Grossissement 14
Champ .... 40 millièmes.
Limites des graduations .... { 250 mètres. / 5.000 —

(1) Pour le télémètre de 80 centimètres, mod. 1909 M. seulement.
(2) Les accessoires de rechange ne sont pas transportés avec le télémètre.

La graduation comporte des divisions correspondant chacune à :

10 mètres de..........	250 à 1.000 mètres.
25 mètres de..........	1.000 à 1.500 —
50 mètres de..........	1.500 à 2.000 —
100 mètres de..........	2.000 à 5.000 —

Erreur moyenne de 10 mesures aux distances de :

1.000 mètres......................	10 mètres.
1.500 mètres......................	25 —
2.000 mètres......................	40 —

ANNEXE N° 3

EXÉCUTION DU TIR A BLANC AVEC LA CARTOUCHE

A BLANC MODÈLE 1905

187. La présente note a pour objet l'exécution du tir à blanc de la mitrailleuse Modèle 1907 avec la cartouche à blanc Modèle 1905 (1).

188. Appareil de tir à blanc. — L'exécution de ce genre de tir exige l'emploi d'un *appareil de tir à blanc*, que l'on adapte à l'extrémité du canon, afin de rétrécir l'orifice de sortie des gaz et de les obliger à pénétrer dans le moteur en quantité suffisante pour assurer le fonctionnement du mécanisme.

Cet appareil se compose d'un *tube de poussée* et d'un *écrou-support*.

Après avoir placé le tube de poussée dans l'écrou-support, on visse (2) celui-ci sur le filetage pratiqué à l'extérieur du canon près de son extrémité, jusqu'à ce que la grande base du tube de poussée vienne s'appliquer contre la tranche antérieure du canon. (Pendant le tir, on doit veiller à ce que l'écrou-support ne se desserre pas, afin d'éviter les fuites de gaz et les détériorations de l'appareil.)

Les accessoires de la section comportent, pour chaque mitrailleuse, un jeu de trois tubes de poussée et deux écrous-supports, ces derniers interchangeables et pouvant servir au montage d'un quelconque des trois tubes de poussée, qui ont même profil extérieur. Deux de ceux-ci sont d'ailleurs identiques, leur canal intérieur ayant 4 millimètres de diamètre à l'avant; le troisième a un canal plus étroit, dont le diamètre à l'avant n'est que de 3 $^m/_m$ 5. Le diamètre du canal à l'avant est indiqué sur chaque tube de poussée.

189. Choix du tube de poussée. — *En principe, le tir doit être exécuté avec un tube de poussée de 4 millimètres.*

(1) La cartouche à blanc modèle 1897 ne doit pas être employée pour le tir de la mitrailleuse modèle 1907, en raison des dégradations qu'elle produit très rapidement dans les tubes de poussée.
(2) En employant à cet effet la clef du canon (caisse n° 2).

La mitrailleuse étant munie d'un appareil, comme il vient d'être dit, le tir à blanc s'exécute dans les mêmes conditions que le tir à balle (1). Au moyen du régulateur d'échappement, on procède au réglage de la poussée de manière à ne faire agir sur le piston moteur que la quantité de gaz strictement nécessaire pour le bon fonctionnement de l'arme.

Dans certaines circonstances, il pourra arriver que l'on constate, avec un tube de poussée de 4 millimètres, de nombreux défauts de poussée, même après avoir fermé complètement le régulateur d'échappement (division O). Cette insuffisance de poussée pourra se manifester avec des mitrailleuses usagées, ou au début d'un tir en vitesse réglée exécuté par un temps froid.

Dans ce cas, il conviendra de s'assurer, tout d'abord, que le tube de poussée (s'il est déjà très usagé) ne présente pas un agrandissement du canal à l'avant.

Si l'on constate un agrandissement, il conviendra de remplacer le tube de poussée usagé par le tube de 4 millimètres de rechange. Si ce changement ne fait pas disparaître les défauts de poussée, il y aura lieu de recourir au tube de 3 $^m/_m$ 5 (2).

NOTA. — Chaque fois que, pour cause de défauts de poussée, on aura procédé au remplacement d'un tube par un autre ayant un moindre diamètre intérieur à l'avant (tube de 4 millimètres agrandi remplacé par un tube neuf de 4 millimètres, tube de 4 millimètres remplacé par un tube de 3 $^m/_m$ 5), il sera bon de disposer, pour le début du tir, le régulateur d'échappement à la division 8.

Inversement, il pourra arriver, au cours d'un tir exécuté avec un tube de 3 $^m/_m$ 5, que la poussée augmentant avec l'échauffement, devienne excessive, et ne puisse être suffisamment modérée à l'aide du régulateur d'échappement, même lorsque celui-ci aura été placé à la division 8.

En pareil cas, il y aura intérêt à revenir au tube de 4 millimètres, ce qui pourra se faire sans qu'il soit nécessaire de refroidir le canon.

Le tube de poussée de 3 $^m/_m$ 5 doit assurer le fonctionnement dans le tir à blanc, de toute mitrailleuse susceptible d'exécuter un tir à balle dans les mêmes conditions atmos-

(1) Avant de commencer le tir à blanc, le chargeur et l'aide-chargeur vérifient avec soin, sous la responsabilité du chef de pièce, qu'aucune cartouche à balle n'est mélangée aux cartouches à blanc.

(2) En raison de l'irrégularité de la poussée donnée par les cartouches à blanc, la poussée ne doit être considérée comme insuffisante, et le changement de tube de poussée ne doit être effectué que si l'on constate plus de trois ou quatre défauts de poussée par bande au début d'un tir en vitesse réglée, l'arme étant froide. Les défauts de poussée, lorsqu'ils ne dépassent pas cette proportion au début du tir en vitesse réglée d'une arme froide, disparaissent généralement avec l'échauffement résultant du tir de quelques bandes.

phériques. En cas de défauts de poussée constatés avec un tube de 3 $\frac{m}{m}$ 5 usagé, il conviendra de vérifier tout d'abord si son canal ne présente pas un agrandissement à l'avant. Si l'on ne constate aucun agrandissement, il y aura lieu de visiter les organes de la mitrailleuse, et, au besoin, de l'envoyer en manufacture.

190. Encrassement et nettoyage du canon. — Le tir à blanc produit dans le canon, surtout à la partie antérieure, un encrassement dont l'enlèvement peut devenir impossible par les procédés de nettoyage réglementaires.

Ce dépôt est d'autant plus important et adhère d'autant plus aux parois de l'âme, que le tir a été plus rapide et plus prolongé, c'est-à-dire que l'échauffement du canon a été plus considérable. Pour éviter la formation d'un dépôt trop abondant et trop adhérent, il conviendra de prendre les précautions suivantes :

1° Exécuter les tirs par salves aussi courtes et aussi espacées que possible;

2° Procéder à des nettoyages fréquents de l'âme du canon;

3° Refroidir, si c'est possible, le canon à l'eau (1);

4° En cas d'impossibilité, remplacer par un canon froid un canon déjà fortement échauffé par le tir.

Lorsque le tir n'aura pas été trop rapide ni trop prolongé et que, par suite, l'échauffement du canon n'aura pas été trop considérable, l'âme pourra être nettoyée par les procédés réglementaires (2).

Lorsque le canon aura été plus fortement échauffé, on pourra souvent assurer le nettoyage de l'âme en employant le procédé suivant :

Passer plusieurs fois (cinq ou six au moins) dans l'âme,

---

(1) Soit en faisant couler de l'eau dans le canon au moyen de l'entonnoir spécial (caisse n° 2), comme il est dit dans le règlement, soit simplement en appliquant un chiffon maintenu humide sur la partie antérieure du canon monté sur la mitrailleuse (la bouche étant maintenue plus basse que la culasse, pour éviter l'introduction dans le mécanisme).

(2) On pourra, par exemple, obtenir l'enlèvement du dépôt par les procédés de nettoyage réglementaires, après un tir exécuté dans l'une des conditions suivantes :

(Salves de 50 cartouches) : 400 coups tirés en 20 minutes, 600 coups tirés en 40 minutes, 1.000 coups tirés à raison d'une salve toutes les 5 minutes. { Sans nettoyage de l'âme en cours de tir, sans refroidissement ni remplacement du canon, les conditions atmosphériques n'étant pas particulièrement favorables à l'échauffement de l'arme.

La vitesse et la durée du tir pourront être assez notablement augmentées sans grand inconvénient au point de vue du nettoyage ultérieur de l'âme, si les circonstances atmosphériques sont favorables au refroidissement de la mitrailleuse (pluie, vent froid, etc.), ou si l'on a de l'eau à sa disposition pour le refroidissement du canon.

au moyen de la baguette, un chiffon abondamment mouillé, en le trempant dans l'eau chaque fois qu'il sort du canon; passer ensuite un chiffon sec, et graisser si le tir ne doit pas être continué. Pour être efficace, ce nettoyage doit être exécuté immédiatement à la fin d'une salve, alors que le canon est très chaud.

Lorsque aucun des procédés de nettoyage ci-dessus n'aura donné de résultats satisfaisants, on pourra néanmoins continuer à utiliser un canon encrassé pour exécuter le tir à blanc, le dépôt dont il s'agit, *quelle qu'en soit l'importance*, étant sans inconvénient pour le tir à blanc.

Lorsque les circonstances permettront d'exécuter un tir à balle, un canon encrassé à la suite de tirs à blanc pourra être nettoyé par un tir d'une centaine de cartouches à balles au maximum (cartouches Modèle 1886 M de préférence).

TABLE DES MATIÈRES

Ire PARTIE

MITRAILLEUSES DE CAMPAGNE

TITRE I

ORGANISATION. — BASES DE L'INSTRUCTION

CHAPITRE I

Organisation de la section.

CHAPITRE II

Bases de l'Instruction.

TITRE II

TITRE III

TITRE IV

MANŒUVRE ET TIR DE LA SECTION

CHAPITRE III

Manœuvre.

CHAPITRE IV

Tir.

TITRE V

EMPLOI TACTIQUE DES SECTIONS DE MITRAILLEUSES D'INFANTERIE

IIᵉ PARTIE

MITRAILLEUSES DE FORTERESSE

TITRE VI

ORGANISATION DES SECTIONS

TITRE VII

TITRE VIII

ANNEXES

Marc Imhaus et René Chapelot, Nancy et Paris

www.ingramcontent.com/pod-product-compliance
Lightning Source LLC
Chambersburg PA
CBHW070915280326
41934CB00008B/1738